KiWi

1678

Das Buch

»Zur letzten Sendung komme ich nicht«, sagte Christine Westermann scherzhaft schon Jahre, bevor an ein Ende der von ihr und Götz Alsmann moderierten preisgekrönten Fernsehsendung »Zimmer frei« auch nur zu denken war. So tief saß ihre Angst vor drohenden Abschieden, dass sie sich nur mit Humor oder totaler Verdrängung zu helfen wusste. Der Humor ist geblieben, aber Christine Westermanns Umgang mit dem Thema Abschied hat sich tief gehend gewandelt. In ihrem Buch erzählt sie von großen und kleinen Verlusten, von freiwilligen und unvermeidlichen Abschieden. Wie befreiend kann es sein, eine Stadt, einen Wohnort, einen Lebensabschnitt hinter sich zu lassen, um neu zu beginnen? Wie verkraftet man den Tod eines Freundes, der viel zu früh stirbt? Was passiert, wenn man bemerkt, dass äußere Schönheit und Attraktivität verblassen? Natürlich ist die Furcht vor Verlust noch immer dabei, sie wird jedoch gepaart mit neuem Mut, Veränderungen anzunehmen. Anekdotenreich, ernst und selbstironisch zugleich erzählt Christine Westermann von Erfahrungen und Situationen, die ihre Wahrnehmung geschult und sie auf einen neuen Weg gebracht haben.

Die Autorin

Christine Westermann, 1948 in Erfurt geboren, ist bekannt als Radio- und Fernsehjournalistin. Nach langjährigen Stationen bei der »Drehscheibe« und der »Aktuellen Stunde« moderierte sie 20 Jahre lang zusammen mit Götz Alsmann die Sendung »Zimmer frei«, die mit dem Adolf-Grimme-Preis und dem Comedy-Preis ausgezeichnet wurde. Von 2015–2020 war Christine Westermann Mitglied der ZDF-Sendung »Das literarische Quartett«. In ihren diversen Radio- und Fernsehsendungen (u. a. »Bücher« WDR 5, »Frau TV« WDR-Fernsehen, »Buchtipp« WDR 2) stellt sie Neuerscheinungen vor. 2010 erhielt sie den Ersten Deutschen Radiopreis in der Kategorie »Bestes Interview«. Außerdem hat Christine Westermann mehrere Bücher veröffentlicht: die Bestseller »Baby, wann heiratest du mich?«, »Ich glaube, er hat Schluss gemacht« und, gemeinsam mit Jörg Thadeusz, »Aufforderung zum Tanz«. Ihr Buch »Da geht noch was« stand wochenlang an der Spitze der SPIEGEL-Bestsellerliste, 2017 folgte »Manchmal ist es federleicht«.

Christine Westermann

MANCHMAL IST ES FEDERLEICHT

Von kleinen und großen Abschieden

Kiepenheuer & Witsch

Verlag Kiepenheuer & Witsch, FSC® N001512

3. Auflage 2023

Umschlaggestaltung Barbara Thoben, Köln
Umschlagmotiv © Ben Knabe
Gesetzt aus der Hurme und der Sabon
Satz Buch-Werkstatt GmbH, Bad Aibling
Druck und Bindung GGP Media GmbH, Pößneck
ISBN 978-3-462-05337-1

Für meinen Vater

0

Die Reporter werden später in ihren Berichten die Zeit festhalten: 20.41 Uhr. Noch aber stemmt sich der Mann gegen die drohende Niederlage. Man kann es an seinem Gesicht sehen. Die Kiefermuskeln arbeiten heftig, er beißt die Zähne fest aufeinander. Guckt gen Himmel, legt den Kopf weit zurück, als könne er die Tränen damit zwingen, ihre Richtung zu ändern. Wieder in die Augen zurückzulaufen statt aus ihnen heraus.

Millionen Menschen sehen ihm dabei zu.

An einem Mittwochabend Ende August 2016 steht Bastian Schweinsteiger im Stadion von Borussia Mönchengladbach, Bilder seiner Fußballerkarriere flimmern über die Großbildleinwand, die Zuschauer erheben sich von ihren Sitzen, klatschen und jubeln ihm zu.

Da gibt er auf, endlich. 20.41 Uhr: Er weint.

Ich auch, zu Hause vor dem Fernsehapparat. Weine mit, beame mich mühelos in diesen fremden Menschen hinein, der sein letztes Spiel für die

Fußballnationalmannschaft macht. Der mir so vertraut scheint, weil er an jener Klippe steht, die ich so gut zu kennen glaube. Springen zu müssen, ohne zu wissen, was einen auffangen könnte.

Die Idee, ein Buch über das Abschiednehmen zu schreiben, entstand lange vor dem Schweinsteiger-Abend. In jener Zeit, als das letzte Jahr von *Zimmer frei* begann. Wir haben damals an einer Wand hinter der Studiodekoration eine Strichliste darüber geführt, wie viele Sendungen uns noch blieben. Irgendwann waren wir bei elf, zehn, neun und dann war es nur noch eine. Eine letzte Sendung, vor der ich großen Respekt hatte, gepaart mit stiller Angst. Ich würde bei diesem Abschied nicht allein sein. Sollte ich die Fassung verlieren, würden mir viele Menschen dabei zuschauen. Ich fürchtete mich davor, unkontrolliert zu schluchzen, so wie Kinder es tun, wenn sie es vor Traurigkeit nicht mehr aushalten.

Es kam anders. Überraschend anders. So als wolle mich das Leben, das Schicksal versöhnen. Entschädigen für den ersten großen Abschied, den Tod meines Vaters, bei dem ich dreizehn Jahre alt war und der mir viele Jahre die Richtung zu weisen schien, was ich zu erwarten hatte, wenn etwas zu Ende ging: Sturz ins Bodenlose, sozialer Abstieg, emotionale Dunkelkammer.

Ich will in diesem Buch versuchen, dem Abschied näherzukommen. Dem großen und dem kleinen, dem beschwerlichen und dem federleichten.

Leichte Abschiede, gibt es die auch? Ist das nicht ein Widerspruch in sich? Wenn ein Abschied leicht wäre, müsste man ihn nicht anders nennen? Wäre Abschied dann noch der richtige Begriff?

Wie erlebe ich den Abschied von einem Freund, von dem ich glaubte, er würde an meinem Grab stehen und nicht ich an seinem?

War es leicht, nach Deutschland zurückzukehren, San Francisco und Amerika zu verlassen, wo ich zehn Jahre gelebt hatte, und beim Umzug Menschen und Möbel zurückließ?

Wie schwer ist es, an sich selbst zu bemerken, dass Schönheit und Attraktivität verblassen? Was tritt an ihre Stelle? Eine große Leere? Oder etwas, von dem man nicht mal wusste, dass man es schon lange in sich trägt. Das überraschend schön ist, weil es unerwartet versöhnt mit dem stillen Schrecken ob der eigenen Unbeweglichkeit, der einen überkommt, wenn im Supermarkt an der Kasse die Apfelsine vom Band fällt und man darauf hofft, dass jemand zu Hilfe kommt, dem das Bücken leichtfällt.

Abschiede waren für mich immer gleichbedeutend mit einem neuen Lebensabschnitt. Die Kinderangst aber, dass es womöglich wieder böse enden könnte, hat sich erst in letzter Zeit vorsichtig, sehr zögerlich zurückgezogen.

Abschiednehmen ist eine Kunst.

Der Versuch, die fein austarierte Balance zu halten zwischen der Furcht vor Veränderung und dem Mut, sie anzunehmen.

Das hier ist erst mal nur ein Anfang.

Das Vorwort.

1

Das Foto ist schwarz-weiß, klein und quadratisch, hat den für die Bilder aus jener Zeit typischen gezackten Rand.

Ich war schon vier Jahre auf der Welt, als die Fotografie entstand, aber ich habe keine Erinnerung an jene Zeit Anfang der fünfziger Jahre. Nicht an die Musiktruhe mit ausklappbarem Plattenspieler, nicht an die große Stehlampe, unter deren Schirm mein Vater sitzt, ein Buch in der Hand. Und doch taucht genau jenes Bild unvermittelt auf, hat sich wie eine Verheißung in mir festgesetzt. Sollte ich erklären, was für mich Geborgenheit bedeutet, ist es genau jenes Wohnzimmer in Erfurt. Mit den hohen Bücherregalen, die sich über eine ganze Wand erstrecken, davor die schmale Leiter, um an die Bücher in der obersten Reihe zu kommen.

Mein Vater in seinem großen Lesesessel, einen Arm auf der Lehne, er scheint in sein Buch vertieft. Vielleicht ist es eine Pose, die er glaubt, dem späteren Bildbetrachter schuldig zu sein. Vielleicht hat ihn der Fotograf auch gebeten »Herr Westermann, schauen Sie doch bitte mal ins Buch …«. Die Haare meines Vaters sind akkurat gescheitelt, er trägt eine Strickjacke, ein weißes Hemd, eine Fliege, wie fast immer. Neben dem Sessel, auf einem Beistelltischchen, eine große Uhr und ein glänzend schwarzes Telefon, die Wählscheibe so groß wie ein Kinderkopf.

Das Licht aus der Stehlampe taucht die Szene in warmes goldenes Licht. Das stelle ich mir so vor. Wissen kann ich es nicht, das Foto zeigt nur mattes Schwarz, verblichenes Weiß. Aber das Licht muss golden gewesen sein. Auf meiner emotionalen Farbskala steht golden für ein Wir-haben-es-gut-Gefühl. Dass zu jener Zeit schon nichts mehr gut war, das schwarz-weiße Foto ein Trugbild, habe ich erst Jahre später begriffen.

Die Aufnahme entstand – so weist es die Schrift meines Vaters auf der Rückseite aus – im März 1953. Wenige Tage, bevor mein Vater mit einer schmalen Aktentasche die Wohnung und das Zimmer mit der Stehlampe verließ. In der sicheren Gewissheit, nie mehr zurückkehren zu können. Ziel seiner Flucht war erst mal Ostberlin, wo er am Bahnhof Friedrichstraße in eine S-Bahn stieg, die ihn und die Aktentasche von Ost nach West brachte.

In der Aktentasche steckten jene Papiere, die belegten, warum er nur mit einer Flucht in den

Westen sein Leben und das seiner Familie retten konnte.

Als sich im Osten nach dem Krieg vorsichtig wieder politisches Leben regte, wurde mein Vater Gründungsmitglied bei den Liberalen Demokraten der DDR. Als die Gruppierung wenige Jahre später als Blockpartei in der Versenkung verschwand und zu einem Anhängsel der SED wurde, hat er sich nicht geduckt, sondern protestiert. Hat aus seiner Abneigung gegen die SED und die Kommunisten keinen Hehl gemacht. Es war nicht das erste Mal, dass er eintrat für seine Überzeugungen, seine politische Meinung. Jahre zuvor war er gegen die Nationalsozialisten aufgestanden, hatte öffentlich darüber gesprochen, was er bei der BBC, dem Feindsender, über Kriegslage und Konzentrationslager erfahren hatte. Seine Sekretärin schwärzte ihn an. Zwei Jahre vor Kriegsende kam er ins Zuchthaus. Dass es nicht das nahe gelegene Konzentrationslager Buchenwald war, verdankte er Freunden, die sich für ihn einsetzten. Gut vernetzte Freunde waren es auch, die ihn 1953 drängten, zu gehen. Ihm von der schwarzen Liste erzählten, auf der Staatsfeinde wie er standen. Endstation: ein Straflager in der Sowjetunion. Als die Verhaftungswelle anrollte, nahm mein Vater seine Aktentasche und ging.

Zurück blieben Freunde, Verwandte, Andenken, Fotos, Möbel, Bücher, fast ein ganzes Leben. Als er floh, war er vierundsechzig, nicht einmal zehn Jahre später starb er.

Wenige Tage nach meinem Vater nahm meine Mutter mit mir den gleichen Fluchtweg über Ostberlin in den Westen. Sie hat für mich entschieden: meine kahlköpfige Puppe Gisela durfte mit. Sonst nichts.

Was hätte mein Vater eingepackt, wäre die Zeit nicht so knapp gewesen? Wofür entscheidet man sich, wenn man flüchten muss? Hätte er mehr Zeit gehabt, was aus dem alten Leben hätte er ins neue retten wollen?

Woran sein Herz wirklich hing, habe ich erst viel später erfahren.

Ich habe nur einmal die Flucht in ein anderes Leben gewagt.

Ohne Not und in der Rückschau federleicht.

Habe Möbel, Geschirr, Klamotten und Kleinkram in den Kellern von Freunden untergestellt.

Bin mit zwei Koffern, zwei Kaffeetassen und einem Buch aus dem Regal meines Vaters nach Amerika aufgebrochen. Als könne mir dieses Buch Mut machen, die Reise ins große Ungewisse zu wagen.

Nein, ich habe keine Ahnung mehr, wie die Kaffeetassen aussahen, und schon gar nicht, warum sie mitmussten.

Zehn Jahre habe ich in den USA gelebt und heute, lange nach dem Amerikaabenteuer, festigt sich die Erkenntnis, dass ich mitunter ein unerwartetes Talent zum Abschiednehmen habe. Ich kann leicht loslassen.

Dinge, manchmal auch Menschen.

Ich habe all die ab- und untergestellten Dinge nie mehr abgeholt. Nicht mehr gebraucht, nicht mehr gewollt.

Ich weiß nicht, bei wem ich was untergestellt habe. Erinnere mich schwach an einen schönen antiken Geschirrschrank, dem damals die zwei Kaffeetassen fehlten – was sonst drin war, ich weiß es nicht.

Es gab Klamotten, Bettwäsche, Bilder, Bücher, einen Strandkorb und ein Bett. Weg. Aus meinem Gedächtnis getilgt. Ich glaube, ich hatte ein paar schöne Sachen, alt und neu, eher IKEA als edel, aber offensichtlich hing mein Herz nicht an einzelnen Dingen.

Bis heute bedauere ich das kein bisschen.

Als ich San Francisco nach zehn Jahren wieder verließ, war es anders. Ich wollte nicht alles stehen und liegen lassen, ich wollte etwas mitnehmen, was mich für immer mit dieser Zeit verbinden würde. Erinnerungen waren mir wichtig, nicht nur die, die ich im Kopf und im Herzen hatte. Ein paar sperrige Sachen wie Bett, Sofa und einen sehr kalifornischen Sonnenschirm habe ich an Freunde verschenkt. Esstisch und Stühle, Handtücher, Lampenschirme und Bilder aber sollten unbedingt mit nach Europa.

San Francisco – Köln, ungewöhnliche Entfernung, aber im Grunde eben auch nur ein Umzug. Die Transportfirma hat meine halbe Wohnung in einen Container gepackt, der auf einem Schiff Richtung Rotterdam verstaut wurde und drei Monate später in einem Kölner Hinterhof ankam. Die Packer hatten sehr sorgfältig gearbeitet, selbst eine angebrochene Packung Frosties hatte den Weg über den Atlantik unbeschadet überstanden.

Die Dinge des Lebens, die sich in zehn Jahren Amerika angesammelt hatten, passten sich nahtlos der neuen Umgebung an. Genau wie ich. In der Rückschau ist mir der Abschied von Freunden, der Abschied aus der Stadt, aus meinem Viertel, von meinen Kneipen, Läden, nicht schwergefallen. Manchmal, ganz selten, wünsche ich mir heimlich die Vietnamesin herbei, bei der ich zehn Jahre die beste Pediküre meines Lebens bekommen habe. Oder die Sonntage im Bett mit sieben Stunden Livefootball im Fernsehen. Die Jogging-Strecke im Golden-Gate-Park.

Es sind Kleinigkeiten, an denen das Herz hängt.

Nie lange, nur für einen kurzen Moment flackert eine unbestimmte Sehnsucht auf. Wonach?

Kann ich nicht einmal benennen. Aber das Sehnsuchtsgefühl erkenne ich gut.

Ich bin in meiner Amerikazeit oft gependelt, zwischen San Francisco und Köln, habe hier wie dort als Journalistin gearbeitet. Auf Flughäfen habe ich jene Sehnsucht besonders gut spüren können.

»Lufthansa Flug 454 von Frankfurt nach San Francisco«, eine Ansage, bei der ich damals einen fast körperlichen Schmerz erlebt habe. Immer verbunden mit dem Gedanken: Wie wird es sein, wenn diese Ansage irgendwann einmal nicht mehr *mir* gilt?

Wenn ich sie nur zufällig höre, weil ich gerade von Frankfurt nach Berlin und eben nicht nach San Francisco fliege? Und es schien völlig klar: Das könnte ich nur schwer aushalten, dieser Abschied darf nicht sein.

Warum der Gedanke so stark war, kann ich erst heute, mit vielen Jahren Abstand, vermuten: weil damals die Lust, beinahe schon die Begierde auf neue Erfahrungen, auf große und kleine Mutproben, die unweigerlich zum Leben in einer anderen Kultur gehören, beinahe übermächtig war.

Ich wollte sie erleben und bestehen.

Sich davon verabschieden? In diesem Stadium undenkbar. Wann es over und aus ist, wollte ich immer selbst bestimmen.

Wenn ich heute auf einem Flughafen stehe und die Durchsage für einen Amerikaflug höre, regt sich kurz das Gefühl von damals, als wolle es wieder bei mir andocken. Aber keine Chance.

Ich verspüre eine leise Freude, fast schon Genugtuung, dass das Loslassen damals so leicht ging. Dass ich einen Lebensabschnitt beenden konnte, weil etwas Neues zu beginnen verlockender, lohnender war. Nach Hause zurückzukehren.

Oder vielleicht auch nur, weil es genug war? Genug Amerika? Genug Football-Spiele, Golden-Gate-Park-Jogging?

Heute laufe ich am Rhein, habe eine Dauerkarte beim 1. FC Köln, und meine Fußnägel schneide ich mir selbst.

Ist es gutes Timing, das Abschiede leicht oder schwer macht? Hat wirklich alles seine Zeit?

Ist es immer dann schwer, wenn die Zeit noch nicht reif ist? Wenn man neu anfangen muss, bevor etwas spürbar zu Ende gehen konnte, seinen Abschluss gefunden hatte?

Ist es das?

Mein Vater hat wenige Jahre vor seinem Lebensende ein neues Leben angefangen. Anfangen müssen. Mit seiner Frau und seinem Kind in einer winzigen Einzimmerwohnung. Ich erinnere mich ganz schwach an diese Wohnung, an mein Kindergitterbett, das in der schmalen Küche stand.

Es gibt kein Foto aus dieser Zeit, aber golden ist in meiner Erinnerung nichts. Dafür taucht rot auf. Das Rot einer Süßigkeit, die mir meine Eltern schenkten, verbunden mit der Nachricht, dass sie sich scheiden lassen würden.

Meine Mutter zog aus, mein Vater blieb, er bekam Jahre später im selben Haus eine Zweizimmerwohnung. Hatte wieder Platz für eine Stehlampe, für einen Radioapparat mit kleinem Plattenspieler. Und für ein Bücherregal. Ohne Leiter.

Als meine Eltern aus der DDR flohen, hatten sie keine Zeit, das Danach zu organisieren. In den wenigen Tagen, bevor die Flucht entdeckt wurde, haben Freunde Bücher, Fotos und Erinnerungsstücke heimlich aus der Wohnung geholt. Die Nachbarn, denen mein Vater sich nah fühlte, bekamen die Musiktruhe, die Stehlampe. Der große Rest? Ich weiß bis heute nicht, was in der DDR mit den Sachen eines Republikflüchtlings geschehen ist.

Stück für Stück hat mein Vater ein paar Dinge aus seinem alten Leben zurückbekommen. Zwei Teller und Kaffeetassen aus dem Haushalt seiner Mutter, ein Besteck aus Hirschgeweih von seinem Vater, Seidenschal und Zylinder, die er bei Premieren im Erfurter Theater trug, dessen Verwaltungsdirektor er war. Freunde, die in den Westen reisen durften, brachten heimlich ein paar seiner Bücher mit. Auch Berta von Suttners »Die Waffen nieder«, jenes Buch, das ich fast fünf Jahrzehnte später mit nach Amerika genommen habe.

Ich konnte nie mit meinem Vater darüber reden, wie er diesen Abschied von seiner Heimat erlebt, wie er ihn verkraftet hat. Ich war zu klein, zu jung, um zu begreifen, dass man es Abschied nennt, wenn man sich von etwas trennen muss.

Dass es wehtut, wusste ich schon.

Die Scheidung der Eltern zu erleben, das kommt dem Schmerz eines ungewollten Abschieds schon ziemlich nahe.

Am Ende seines Lebens kam mein Vater schließlich doch noch nach Erfurt, in seine Heimatstadt zurück. Das hatte er sich gewünscht, in seinem Testament so verfügt. Seine Asche wurde in einem Grab auf dem Erfurter Nordfriedhof beigesetzt. Unter einem Holzkreuz, auf dem Geburtstag und Todestag seines Sohnes standen.

Der war 1941 als junger Soldat in einem Wald bei Smolensk nach einem Bauchschuss verblutet. Sein Tagebuch erzählt von den letzten Stunden seines Lebens, ganz am Ende stehen die Abschiedsworte an seine Eltern.

Jenes Tagebuch hat mein Vater wie einen Schatz gehütet. Es lag in der schmalen Aktentasche, mit der er von Ost nach West ging.

2

Ich habe schöne Füße. Ist leider all die Jahre keinem aufgefallen, außer mir natürlich. Ich dachte übrigens immer, dass Models auch automatisch mit schönen Füßen ausgestattet sind. Ein attraktives Gesamtpaket: Erst werden sie mit Klamotten fotografiert, später kommen die Strümpfe dran und am Ende die Flipflops und die Korksandalen. Falsch kombiniert. Es ist durchaus möglich, einen Gehrock in Größe 46 zu tragen und unten auf schönen, schmalen Füßen zu stehen.

Diese ungewöhnliche Kombination gibt es, man kann sie sich bei mir anschauen. Interessiert aber keinen.

Frauen mit besonders schönen Füßen machen Werbung für Hornhautentferner und Hühneraugenpflaster, für Gesundheitssandalen oder knallroten Nagellack. Vorausgesetzt, sie sind jung.

Hätte ich das mal früher gewusst, meine Füße und ich wären groß rausgekommen.

Dass Westermann Werbung machen könnte, daran habe ich nie einen Gedanken verschwendet.

Bis neulich dieser Brief kam. An mich adressiert.

Mit einem »Vorteilsgutschein für Frau Westermann« und einer persönlichen Einladung zum kostenlosen Hörtest.

Die Hörgeräte könnte ich in meinem privaten Umfeld testen, bevor ich mich für die »optimale Hörlösung« entscheiden würde.

Hörtest? Ich verstehe nur Bahnhof.

Hat sich jemand beschwert, dass die Glotze zu laut ist?

Habe ich in einer Konferenz zu oft nachgefragt?

Oder ist Schwerhörigkeit und damit Post vom Hörgerätemann ganz automatisch die Folge eines Geburtsdatums kurz nach der Währungsreform?

Im Alter lässt alles nach, auch die Ohren kriegen so eine Art Zellulitis. Haben Sie mich verstanden?

Wenn Werbeleute eine Frau wie mich sehen, denken sie ganz offensichtlich nicht mehr an schöne Füße. Sie bewegen sich in anderen Bereichen. Versuchen es hintenherum.

Ein Pharmaunternehmen möchte mich unbedingt als Werbepartner gewinnen. Das Angebot ist hochdotiert, der Aufwand für den Fernsehdreh, heißt es, sei denkbar gering, das Bild in der Apothekerzeitung würde nur unwesentlich größer als ein Passbild werden. Ich müsse nur vorne in die Kamera lächeln und mit der Hand freundlich nach hinten zeigen, auf die Maxi-Packung Hämorhoidensalbe.

Ich habe das erst mal dankend abgelehnt.

Rechne jetzt aber täglich mit einem Werbeangebot für Treppenlifte. Bin ich dabei. Unter der Bedingung, barfuß nach oben zu schweben. Eine späte Chance für meine schönen Füße.

~

So wie sie wollte ich immer sein. So schön. Ich war in Männer verknallt, mit denen sie zusammen war, vielleicht fand ich die Männer auch nur deshalb attraktiv, weil sie in ihrer Nähe sein durften. Der Mann, in den eine wie Erika Pluhar sich verlieben konnte, musste etwas Magisches haben.

André Heller war so einer. Erika Pluhar, die Schauspielerin, die Sängerin, hat ihn geheiratet. Die Liebeslieder, die er in den 1970er-Jahren für sie schrieb, ich habe sie rauf und runter gehört. Die Langspielplatten stehen noch heute in einer Kiste unten im Keller.

Die Liebe zwischen den beiden war für immer, habe ich damals gedacht, aber dass »immer« manchmal sehr kurz sein kann, wusste ich mit zwanzig noch nicht.

Ich habe die beiden dann aus den Augen verloren, weil ich zum Glück mit meinem eigenen Leben angefangen habe.

Fast fünfzig Jahre später treffe ich Erika Pluhar für ein Interview auf der Frankfurter Buchmesse.

Eine überraschende Erkenntnis: Erika Pluhar, die Heldin meiner frühen Jahre, war in jenen frühen Jahren gar nicht so heroisch, wie ich angenommen hatte. Eine wie sie, hatte ich mir damals ausgemalt, die flirtet selbstbewusst und zieht sich nach den ersten Küssen nicht heimlich die Lippen nach. Sie ist schön, sie ist stark, sie weiß es, sie kostet es aus.

Falsch.

Sie erzählt von ihren jungen Jahren, als sie irgendwo an der Côte d'Azur in einem mondänen Haus Ferien macht. Mit ihrem damaligen Liebhaber. Zu Gast bei den Reichen und den Schönen. Schön?

Schön, glaubt sie, das gilt für die anderen am Tisch, nicht für sie. Sie kann es nicht fassen, wie schamlos der Gastgeber sie anflirtet, obwohl seine Frau danebensitzt. Sie schämt sich, nicht für ihn. Nein, für sich, weil sie den Blicken nicht ausweichen kann. Sie fühlt sich klein und unbedeutend, wäre gern wie die anderen, strahlend und selbstbewusst.

Ein Pluhar-Gedanke, der ein Westermann-Gedanke sein könnte. Einer von damals. Als ich jung war und kein Gefühl dafür hatte, wer ich war, wie ich wirkte, was ich in anderen Menschen auslöste. Ich wollte begreifen, wer ich war, gierte nach Anerkennung.

Aber war ich tatsächlich, was ich vorgab zu sein? Richtige Frisur, Figur, die trendigen Klamotten? Wirkung nur über Äußerlichkeiten? Immer verbunden mit einer inneren Anstrengung und Anspannung?

Das Bemühen, so zu sein, wie man glaubte, die Leute würden es gut finden. Obwohl man ganz tief drinnen schon ahnte, dass das nicht echt war. Dass da etwas nicht stimmte. Warum brauchte ich die stete Bestätigung von außen? Von anderen? Wie lange hat es gedauert, bis ich damit aufhören konnte? Hat es überhaupt schon aufgehört?

Du warst früher ein echter Schuss, hat mir neulich ein Freund gesagt. Früher war ich ein Schuss.

Was bin ich heute?

Ich habe ihn nicht gefragt. Weil ich schon selbst weiß, dass die Bezeichnung »Schuss« es nicht mehr trifft, wenn sich Altersflecken und faltiger Hals zeigen.

Wann beginnt der Übergang? Wann verblasst das, was gemeinhin als schön gilt?

Wer bestimmt diesen Abschied?

Die anderen, das ist meine Erfahrung. Ich sehe Fotos von früher, zwanzig Jahre jünger, zwanzig Kilo leichter.

Andere mögen das attraktiver finden.

Die Fotos, die jetzt entstehen, zwanzig Jahre später, sind umso vieles ehrlicher, klarer, wahrhaftiger. Zeigen so viel mehr unverstellte Persönlichkeit.

Gut, die Person bekommt langsam ein Plisseeröckchen um den Lippenrand, Tränensäcke, aber sie kommt allmählich mit sich ins Reine. Sie lässt sich nicht mehr vorschreiben, wie Schönheit auszusehen hat. Das bestimmt sie selbst. Dass es mit den gängigen Beauty-Koordinaten nichts mehr zu tun hat, nimmt sie hin.

Erika Pluhar traut der Zeit nicht mehr. Schaut sie sich Fotos von früher an, traut sie nicht mal mehr der Tatsache, dass sie jung war. Sieht Bilder, die aus einem anderen Leben zu kommen scheinen.

Ist sie das? Und wer war sie damals?

Wer wäre sie gewesen, wenn sie schon damals hätte spüren können, welche Kraft, welcher Mut in ihr steckt?

Warum begreift man erst spät, nach vielen gelebten Jahren, wer man ist? Warum sieht man erst, wie schön man war, wenn diese Schönheit schwindet?

Erika Pluhar ist gerade achtzig geworden, sie ist eine alte Frau. Und sie ist schön.

Die zwei Worte »immer noch«, die sich beim Schreiben automatisch vor das »schön« geschoben hatten, habe ich gelöscht. Sie ist schön, aber es ist keine beliebige Schönheit mehr. Sie macht sie nicht länger an Äußerlichkeiten fest.

Man sieht Erika Pluhar das Alter an. Und das Leben.

Eine unschlagbare Kombination. Bei Weitem attraktiver als ein faltenfreier Hals.

Ich möchte die jungen Frauen am liebsten schütteln, sagt die Pluhar. Ihnen klarmachen, dass es gut ist, so wie sie sind, genau richtig. Niemand muss sich auf Kindergröße runterhungern, niemand braucht einen Botox-Schmollmund.

Es gilt, sich zu vertrauen.

Sie hat sich lange Zeit nicht vertraut.

Genauso wenig wie ich. Schließlich wollte ich gern so sein wie die Pluhar. Und habe dabei nicht gemerkt, wie gut es sein könnte, Christine Westermann zu sein.

Jetzt gucke ich mir die Schuss-Fotos von damals an, sehe mich im Fernsehen, und erschrecke, wie jung ich einmal war.

Faltenfreier Hals ja, aber hat es geholfen?

Habe ich deshalb weniger gehadert, gezweifelt, wer ich bin und was ich kann?

Nicht zu genügen, mir nicht und dem, was ich

glaubte, was andere von mir erwarten würden, schon gar nicht. Jene Unsicherheit hat mich zeitlebens aufgehalten.

Zeitlebens?

Auf der Zielgerade des Lebens, jetzt mit fast siebzig Jahren beginne ich das unsinnige Gedankenkorsett abzustreifen. Langsam, mit Bedacht.

Während ich schon denke, alles sei gut so, so solle es bleiben, macht mir mein Körper klar, dass es eben doch keinen Stillstand gibt.

Rückschritt ist schließlich auch eine Bewegung. Wenn auch in die falsche Richtung.

Etwas Neues hat sich leise, fast unbemerkt eingeschlichen. Ich fürchte, ich habe keine ernsthafte Chance, es aufzuhalten oder zu ändern. Langfristig gesehen.

Kurzfristig könnte ich es mit Pilates versuchen.

Der Mann liegt lang ausgestreckt vor mir, der Teppichboden hat sich bereits dunkelrot verfärbt. Das Blut sickert langsam aus einer Wunde gleich unter seinem Herzen.

Er ist tot. Atmet aber noch.

Das Blut kommt aus der Dose, Filmblut für die Szene in einer Fernsehdokumentation über historische Kriminalromane. Die Kamera läuft, die

Klappe fällt, ich komme in den Raum, soll ob des Toten heftig erschrecken. Was mir nur mäßig bis unzureichend gelingt und mich auch nicht weiter überrascht.

Seit mir bei einem Dreh in der berühmten »Lindenstraße« nicht mal ein einfaches »Guten Tag, bin ich hier richtig?« gelungen ist, ich stattdessen diese sechs Wörter völlig verkünstelt an den falschen Stellen betone, der Regisseur mich freundlich das Ganze gefühlte zwanzig Mal wiederholen lässt, seit jener Erfahrung habe ich mich vom Gedanken an eine Karriere als Statistin ohne Reue verabschiedet.

Mich geschockt ob des Filmtoten zu zeigen, ist allerdings harmlos im Vergleich zu dem, worum mich der Regisseur des Dokumentarfilms jetzt bittet.

»Beug dich doch mal runter zu der Leiche«, sagt er, »und dann bleibst du dort unten eine Weile hocken und tust, als würdest du nachdenken.«

Unvorstellbar.

In die Hocke zu gehen und dort mindestens eine Minute zu verweilen, ist ausgeschlossen. Das geht physisch nicht, nicht mehr. Mein Körper hat schon eine Weile nicht mehr jene Beweglichkeit, die ein ahnungsloser, weil junger Regisseur, ihm wie selbstverständlich zuschreibt.

Ich gehe schon lange nicht mehr gedankenlos in die Hocke, auch weil das Hochkommen unendlich beschwerlich ist.

Ich überlege statt dessen, wie es anders gehen könnte. Rutscht versehentlich etwas unter einen Schrank und hilft ein Besenstiel nicht weiter, bleibt es dort liegen. Bis es die Putzfrau entdeckt, wenn alles gut geht.

Ich wäge schon lange äußerst gewissenhaft ab, ob ich lieber Treppen steige oder den Fahrstuhl nehme. Sind es mehr als zwanzig Stufen, setzt Japsen ein, das ich versuche auf lautlos zu dimmen, weil ich es verheimlichen will. Weil es mir peinlich ist. Noch wohnen wir im ersten Stock, noch ist es kein Problem. Könnte aber eines werden. Gäbe es eine Traumwohnung im fünften Stock mit Dachterrasse, aber ohne Fahrstuhl, ich würde sie dennoch nehmen. Ich will es nicht wahrhaben, dass mein Körper nicht mehr das tun will, tun kann, was ich von ihm verlange.

Wenn ich Treppen hinuntergehe, tue ich es, als lägen sie voll roher Eier. Ich setze vorsichtig einen Fuß vor den anderen, seit ich mir vor einiger Zeit beim Stolpern das Bein gebrochen habe.

Das nächste Mal, habe ich gedacht als ich im Krankenhaus lag, könnte es auch gut der Oberschenkelhals werden, in das Alter für dieses Bruchstück komme ich langsam.

Ich mache Sport, ja. Aber anders als noch vor Jahren habe ich beim Joggen mittlerweile Gehpausen eingebaut. Die Pulsuhr, die ich trage, spielt verrückt, weil mein Herz das tut, es schlägt unregelmäßig, was mir die Luft knapp macht.

Wenn beim Golfen der Ball ins Loch kullert, bückt man sich schwungvoll nach unten und fischt ihn heraus. Die Kombination »schwungvoll« und »unten« funktioniert bei mir nicht mehr. An meinem Schläger ist jetzt ein kaum sichtbarer kleiner Greifer angebracht, mit dem ich im Loch herumstochere, irgendwann den Ball zu fassen bekomme und ihn herausbefördere. Schwungvoll sieht anders aus.

Seit einiger Zeit übe ich mich in Pilates. Weiß der Himmel, warum ich dachte, Pilates sei die körperlich sanftere Variante von Yoga. Die Übungen fordern mir alles ab, der Lehrer zeigt eine milde Strenge, ich will ihn nicht enttäuschen. Mein Körper schon. Ihm ist es egal, was der Mann von ihm denken könnte. Er klappt einfach in sich zusammen, wenn es ihm zu viel wird oder beschert mir einen ordentlichen Krampf an Stellen, von denen ich gar nicht wusste, dass man dort einen bekommen kann.

Und doch keimt seit den Pilates-Dienstagen vorsichtige Zuversicht auf. Ich bewege mich – im Rahmen meiner Möglichkeiten – behender. Ich habe Muskeln angesetzt, die Blusen spannen bereits an den Oberarmen. Ich ächze nicht mehr beim Bücken, ich krümme den Rücken so gut und so weit es geht, gebe keinen Laut von mir, tue so als wäre es ein Nichts. Wie früher eben.

Nur zum Lange-unten-Bleiben bei einer Filmleiche reicht es nicht mehr.

»Bleib eine Weile hocken …«, ich weiß, dass ich es nicht kann. Aber kann ich auch sagen, dass ich es nicht kann?

Das Set ist voll mit Menschen, Tonkollegen, Kameraleuten, Bühnenbildnern, Statisten, Schauspielern. Keiner sieht so aus, als könnte eine Hocke ein Problem für ihn sein.

Was mache ich, wie entscheide ich mich? Ich könnte den Regisseur freundlich zur Seite bitten, ihm leise sagen, was Sache ist. Oder »Rücken« vortäuschen. Oder mich für Klarheit und Wahrheit entscheiden.

Ich nehme stattdessen einen mickrigen Mittelweg.

»Hocke geht, aber nur kurz«, sage ich.

Ich weiß sofort, dass das ein Fehler war.

»Wie lange schaffst du es, geht eine Minute?«, fragt der Regisseur verständnisvoll zurück.

Das ist das Ende und gleichzeitig ein Anfang.

Es ist das Ende von So-tun-als-ob. Als ob ich noch alles stemmen kann, als ob ich noch gertenbiegsam bin mit weit über sechzig. Es ist das Ende von Täuschen. Die anderen und mich selbst. Es geht manches nicht mehr so, wie ich es gern hätte, das sehe nicht nur ich, das sehen auch die anderen.

Dennoch so zu tun, als sei körperlich noch alles möglich, damit schramme ich knapp an der Grenze zur Peinlichkeit vorbei, nein, vielleicht habe ich sie schon häufiger, als mir lieb war, überschritten. Andere damit vermutlich zum Fremdschämen gezwungen. Ich fasse mir ein Herz, nehme all meinen Mut zusammen. Na gut, vielleicht nicht allen Mut, aber es erfordert doch schon eine beachtliche Menge, es zu tun.

Zu sagen, dass ich es nicht kann. Ein Bekenntnis, das Abschied und Neubeginn zugleich bedeutet.

Mein Leben verändert sich, weil mein Körper es tut. Er ist jetzt der Bestimmer, gibt Richtung und Geschwindigkeit vor. Vieles, was mir heute noch vergleichsweise leichtfällt, wird irgendwann nicht mehr selbstverständlich sein. Nicht mehr in der Hocke bleiben zu können, ist erst der Anfang.

»Das kann ich nicht.«

Die Stille, die diesem Bekenntnis folgt, scheint dröhnend laut zu sein. Ewig zu dauern. Eine Ewigkeit, das sind manchmal auch nur Sekunden.

Sekunden, die der Regisseur allerdings nicht dem stillen Bedauern über meinen körperlichen Verfall widmet, sondern in denen er kurz darüber nachdenkt, wie er die Szene anders auflösen kann.

»Dann bleib einfach über der Leiche stehen und schau nach unten.«

Die Erkenntnis, dass sich durch diese Körperhaltung später in der Fernsehsendung mein veritables Alters-Doppelkinn zeigen wird, spielt dabei keine Rolle mehr.

»Sei allem Abschied voran, als läge er hinter dir«, heißt es in einem Sonett von Rainer Maria Rilke.

Wie gut hält die Poesie der Wirklichkeit stand?

»Sei allem Abschied voran«, bedeutet in meinem Fall, ich werde irgendwann im Sommer langärmlig rumlaufen müssen. Auch bei dreißig Grad im Schatten.

Es sei denn, ich pfeife darauf, dass meine Haut demnächst runzelig und schlaff wie Hähnchenhaut am Oberarm flattert. Demnächst? Ich kann den genauen Zeitpunkt noch nicht festmachen, aber lange kann es nicht mehr dauern. Noch den nächsten Sommer? Vielleicht noch den übernächsten? Den eher nicht, fürchte ich. Ich gucke mir und meinem Körper beim Altwerden zu.

Es ist ein Abschied, der fast unbemerkt vonstattengeht. Man rechnet nicht mit ihm.

Man zieht das ärmellose Kleid an, guckt in den Spiegel und weiß, das geht nicht mehr.

Wessen schäme ich mich? Meiner alternden Haut? Ein Makel, der nur mir widerfährt?

Nein, aber ein Trost ist das auch nicht.

Ich erinnere mich an die ersten Altersflecken auf meinen Händen, Friedhofsblumen, wie eine Freundin sie nannte.

Ich erinnere mich, was ich früher dachte, wenn

ich Frauen mit altersfleckigen Händen sah. Mann, ist die alt. Dass mir das mal passieren könnte, lag jenseits meiner Zeitrechnung.

Inzwischen gehören die alten Hände zu mir, zehn Jahre schon, vielleicht sogar mehr. Lange genug auf jeden Fall, um nicht mehr darüber nachzudenken.

Ich denke über andere Dinge nach. Wie sich ein alter Mensch mit Rollator fühlen mag, wenn er von einem jungen hastig überholt wird. In diesem Fall gehöre ich auch noch zu den Jungen, will mir nicht vorstellen, dass ich mich irgendwann nicht mehr auf meinen sicheren Gang, meine Beine verlassen kann. Das ist das Tückische am Altsein. Ich war immer fest davon überzeugt, es passiere nur den anderen. Aber allmählich macht sich die sichere Erkenntnis breit, dass ich auch mal die alte Dame sein könnte, die von einer Neunundsechzigjährigen überholt wird.

Der Körper altert, und die Sprache passt sich entsprechend an. Glaube ich.

Ich wusste jedenfalls bis vor Kurzem nicht, wie gut ich das Senioren-Vokabular bereits beherrsche.

Zu meiner Überraschung sind mir innerhalb weniger Minuten diese zwei Sätze herausgerutscht: »Das werde ich nicht mehr erleben« und »Wenn Sie erst mal so alt sind wie ich«.

Wo kamen die auf einmal her? Wo hatten sie

sich versteckt? Wie konnten sie sich von mir unbemerkt in meinem Kopf nach vorne drängen, meine Sprache infiltrieren. Kommt da noch mehr? Geht das so weiter?

Haue ich demnächst den Klassiker raus: »Ich war auch mal jung«?

War ich tatsächlich mal, mit faltenfreien, festen Oberarmen.

»Sei allem Abschied voran, als läge er hinter dir.« Werde ich versuchen. Langärmelig.

3

Liebe Christine Westermann,
Sie gehören – natürlich – zu meinem Leben.
Ich lese gern von Ihnen, ich höre Sie gern, ich sehe Sie gern.
Aber geschrieben habe ich Ihnen noch nie – warum auch. Wir waren immer d'accord.
Jetzt die Atombombe. Das Literarische Quartett.
Karl Ove Knausgård – mehr Übereinstimmung konnte es zwischen uns nicht geben. Ich muss es Ihnen sagen.
Im Sommer stieß ich auf Empfehlung (Sommerbuch der FAZ oder so) auf Karl Ove Knausgård.
»Lieben« war empfohlen, ich recherchierte, ach ja, sagte man mir, »Sterben« ist der erste Band. Also sollte es dieser sein.
Ich war bereit für alles, die Sprache eindringlich, die Empfindungen aufregend usw. – aber wie viel an Einzelheiten, an

unerträglicher Langatmigkeit kann man überhaupt ertragen?
Ich war verzweifelt. Und als er dann ausführlich beschrieb, wie das Salzkorn im Dotter des gekochten Frühstückseis versinkt, platzte mir der Kragen und das Buch landete im Papiermüll.
Ich bitte Sie, sich von den »scharfen« Mitstreitern nicht irritieren zu lassen. Weiterhin viel Vergnügen beim Lesen und Besprechen von Büchern und persönlich alles Gute für Sie. Sie sind eine tolle Frau.
Herzlich Ihre Ingeborg B…

P.S.
Ich werde in ein paar Wochen 77. Bin seit ein paar Jahren verwitwet und habe mich zurzeit schwer verliebt in einen ehemaligen Klassenkameraden. Wir gingen vor 60 Jahren gemeinsam aufs Gymnasium. Spätes Glück kann sehr aufregend sein.

Was hat der Brief einer Zuschauerin an mich mit diesem Buch zu tun?

Am Ende eine Menge, er hat mir geholfen, die Perspektive zu wechseln, anders auf das Thema Abschied zu blicken.

Das konnte ich anfangs nicht wissen. Ich hatte gerade die erste oder zweite Sendung im *Literarischen*

Quartett gemacht. In der Runde renommierte Kritiker und Autoren, mit literaturwissenschaftlichem Handwerkszeug gerüstet, diskurserfahren. Menschen, die Bücher gänzlich anders lesen als ich.

Ich lese zum Vergnügen. Wenn es einem Buch nicht gelingt, mich zu begeistern, zu unterhalten, lege ich es zur Seite. Und rede nicht mehr darüber. Warum sollte ich mir noch drei Minuten Radio- oder Fernsehzeit nehmen, um dem Hörer/Zuschauer ausführlich darzulegen, warum ich ihm jenen Roman auf keinen Fall empfehlen würde?

Im *Literarischen Quartett* gilt eine andere Regel. Jeweils einer der vier wirbt für ein Buch seiner Wahl. Gefällt es einem anderen aus der Runde nicht, gibt der Saures. Im besten Fall richtet sich das gegen das Buch und nicht gegen den Empfehler. Manchmal aber auch nur gegen den Empfehler.

Im Herbst 2015 stand die Literaturwelt kurzzeitig kopf wegen Karl Ove Knausgård. »Träumen« hieß der neu erschienene Roman einer mehrbändigen Reihe.

Eines jener Bücher, die ich nach fünfzig Seiten sicher beiseitegelegt hätte.

Fürs Quartett habe ich die ganzen achthundert Seiten gelesen. Ich erinnere mich an ein paar Glanzlichter. Wenn Knausgård über die Jugend schreibt, die Offenheit, mit der man das Leben annimmt.

Die vermeintliche Sicherheit zu wissen, wer man ist. Das trügerische Gefühl, man werde immer so bleiben. Um dann Jahrzehnte später zurückzublicken und festzustellen, wie grandios man sich geirrt hat.

Auf den restlichen 689 Seiten des Buches beschreibt Knausgård ausführlich, wie er Tee zubereitet. Und Butterbrote schmiert. Und ich war bei jedem einzelnen dabei. Dass er auch gekochte Eier zum Butterbrot gegessen und sie mit Salz gewürzt hat, das hatte ich erfolgreich verdrängt. Der Brief von Ingeborg B. hat mich wieder daran erinnert.

Mit ihrem Brief hat sie mich auf dem richtigen Fuß erwischt, das »Lassen Sie sich von scharfen Mitstreitern nicht irritieren« habe ich mir gemerkt.

Ich habe die Mail aufgehoben, auf meinem virtuellen Schreibtisch gespeichert unter »Lob«.

Es gab noch einen anderen Grund, die Mail nicht zu löschen.

Das P.S., der Hinweis auf die späte Liebe.

Ich erinnerte mich, wie ich mich damals in der Gedanken- und Gefühlswelt einer Siebenundsiebzigjährigen verloren und sie mit meiner verglichen habe. Mir vorgestellt habe, wie es sein würde, jemanden aus meinem Abiturjahrgang zu treffen.

Einen Jungen, in den ich verknallt war. Und er in mich.

Man sieht sich sechzig Jahre später wieder – und dann?

Ich schreibe in diesem Buch wortreich über den unaufhaltsamen Abschied von der äußeren Schönheit, über meine Faltenhaut.

Hat Ingeborg B. das gelassener hingenommen als ich? Macht es einen Unterschied, dass ihr Älterwerden im Privaten stattfand und meines in aller Öffentlichkeit? Dass man mir jedes Jahr, jeden Sonntagabend beim Älterwerden zuschauen konnte?

Sie verliebt sich mit siebenundsiebzig Jahren noch einmal.

Trifft einen Mann, der sie nur jung kennt. Sorgt sie sich, dass er jetzt eine alte Frau treffen wird statt des jungen Mädchens, an das er sich erinnert?

Das Wiedersehen nach sechzig Jahren, was waren die ersten Eindrücke, wie schnell und wie lebhaft hat man das junge Gesicht von damals wieder vor Augen? Haben die beiden ihr Altsein zum Thema gemacht?

Ich schreibe ihr, sie lädt mich zum Frühstück ein. An ihren Küchentisch, bei sich zu Hause.

Als ich mit dem Auto komme, steht sie schon an der Straße und winkt. Wir sind beide aufgeregt, wissen unausgesprochen um das Wagnis, Privates zu erzählen, Nähe mit jemandem zu teilen, der einem gänzlich fremd ist.

Die Momente des Abschieds, erzählt sie mir, waren in ihrem Leben nie theatralisch oder dramatisch. Das kam erst viel später. Mit dem Bewusstsein, etwas verloren zu haben.

Der erste Abschied war der von ihrer Heimatstadt Budapest. In den letzten Kriegsmonaten, der Vater ist an der Front, fährt sie mit Großmutter, Mutter und dem kleinen Bruder im Zug nach Wien. Für das kleine Mädchen war es ein Ausflug, die Oma neben ihr warm und weich, es gab Salami. Die Panik bei einem Angriff der Tiefflieger war für sie ein Spiel, der Zug fuhr in einen Tunnel, und alles war wieder gut.

Nach dem Krieg wurden sie heimisch in Norddeutschland, nach ein paar Jahren bekommt der Vater eine besser dotierte Stelle in einem anderen Bundesland. Diesen Abschied vom Haus, von den Großeltern, erlebt sie sehr bewusst. An einem frühen Morgen, es war noch dunkel, wie schrecklich, dachte sie, wir werden uns nie wiedersehen.

Jahre später wechselt der Vater wieder die Stelle und auch das Bundesland, die Familie kommt mit. Ingeborg B. verliert alle ihre Freunde, ihre Welt, sie fühlt sich entwurzelt.

Als erst die Großeltern und später die Eltern sterben, lernt sie das Abschiednehmen. Von da an, sagt sie, gehört der Abschied schon zu meinem Leben.

Sie heiratet, bekommt einen Sohn. Erlebt viele Jahre später einen langen Abschied, als ihr Mann schwer krank wird. Als er schließlich stirbt, Trauer. Am Abend seines Todes sitzt sie mit ihrem Sohn und dessen Freundin zusammen. Wir haben ein Glas Wein getrunken, schöne Gespräche geführt, sagt sie. Sie spüren noch etwas neben der Trauer. Erleichterung, dass der Mann und Vater erlöst ist von seinen Schmerzen.

Dass der Abschied auch der Beginn eines neuen Lebens ist, merkt sie schnell. »Ich bin plötzlich frei, unbändig frei, es gibt ein neues Lebensgefühl für mich, mit diesen Gefühlen habe ich überhaupt nicht gerechnet.«

»Der Kondolenzbrief eines Freundes aus Schultagen verändert meine Welt vollkommen. Ich liebe wieder. Aber meine Freiheit bleibt mir erhalten. Das will ich so. Das sage ich auch so.«

Nach langem Briefwechsel und vielen Telefonaten treffen sich die beiden. Da wussten sie schon alles voneinander, auch ihres Alters waren sie sich bewusst. In einer Mail fand sich der Satz »Da werden sich zwei alte Körper treffen«, darüber scherzen sie noch heute.

Er kommt mit dem Zug, ein Wiedersehen nach

sechzig Jahren. Statt am Bahnsteig stehen sie sich unerwartet auf dem Bahnhofsvorplatz gegenüber. Sie haben sich umarmt, geküsst und noch heute sagt er: »Bis dahin wusste ich gar nicht, dass du sogar fliegen kannst. Du bist durch die Luft in meine Arme geflogen.«

Das Alter? Für mich, sagt sie, war es sofort wie früher, obwohl er ganz anders aussah. Mit Bart, dicker Brille, groß immer noch, aber auch ganz rund.

Er macht sie auf ihre schönen Waden aufmerksam, die waren ihm schon vor sechzig Jahren aufgefallen.

Das Alter haben wir bei uns beiden überhaupt nicht gesehen, sagt sie. Vielleicht weil es unwichtig war.

Wie es weitergeht? Sie haben keinen Plan. Wollen sie auch nicht. Alles ist genau richtig so.

Ein paar Tage später erhalte ich eine weitere Mail von Ingeborg. Sie möchte noch etwas zum »letzten Abschied« loswerden:

Das Unsterblichkeitsgefühl der jungen Leute, das ich mal hatte, ist weg. Ich habe schon zu viel erlebt. Aber ich bin gespannt, was kommt.
Ich will mich dem letzten Abschied stellen.
Ich will eines Tages ein erfülltes Leben würdig abschließen.

Ich vertraue den Ärzten, die Schmerzen
nehmen können.
Ich will nicht umfallen und weg sein.
Ich will auch hier den Abschied spüren.

4

Man könnte zu meiner Verteidigung vorbringen, ich sei ein leidenschaftlicher Anhänger der Chaostheorie.

Ich möchte so weit gehen, zu behaupten, dass ich ohne sie nicht mehr zurechtkäme. Dass ich sogar noch einen Schritt mehr wage, sie nämlich tagtäglich in die Praxis umzusetzen. In meinem Arbeitszimmer, auf meinem Schreibtisch zum Beispiel: Chaos.

Würde dort Ordnung herrschen, ich wäre verloren.

Wo sollte ich suchen? Wie sonst mir zu jeder Zeit beweisen, dass ich alles im Griff habe? Nicht immer auf den ersten Blick, aber spätestens auf den vierten oder fünften. Wenn ich unter dem Stapel mit Kontoauszügen doch noch die Theaterkarten finde. Wenn ich nach der einen wichtigen Telefonnummer suche, die ich mir während eines Gesprächs aufgeschrieben habe, mutmaßlich auf das Kuvert eines Kontoauszugs. Oder an den Rand der Theaterkarten.

Ich weiß immer und zu jeder Zeit, ob ich die Nummer auf die Vorder- oder Rückseite gekritzelt habe, ob es mit Kuli oder Bleistift war. Details wie diese machen die Suche zu einem Kinderspiel.

Ich kann unter Bergen von Zetteln, Briefen, Werbeprospekten, Verlagsvorschauen irgendwann still triumphierend doch noch die Taxiquittungen hervorziehen, auf die die Reisekostenstelle des Senders schon lange wartet. Weiß auch sofort, wo der Tacker liegen könnte, der scheinbar wie vom Schreibtisch verschluckt scheint. Manchmal erschwere ich mir die Chaospraxis durch eigene kleine Flüchtigkeitsfehler. Wenn ich fest davon überzeugt bin, dass der Tacker sagen wir mal blau ist. Ich beim Suchen also durch Details wie falsche Farbvorstellung unnötig aufgehalten werde, während das Ding cremefarben griffbereit vor mir liegt.

Penible Ordnungshüter mögen zu Recht einwenden, dass ein Tacker im richtigen Leben Seitenhefter heißt und das Ding, mit dem man Tesafilm von einer Rolle zieht, Film- oder Handroller. Steht es auf einem Tisch, sucht man logischerweise nach einem Tischroller.

Dass ich mir derart unhandliche Wortschöpfungen nur schwer merken kann, zieht die Suche oft unnötig in die Länge. Weil mein Gegenüber rätselt, was gemeint ist, wenn ich von dem Ding spreche, mit dem man was zusammenkleben kann.

Außenstehende, die einen Blick auf mein vermeintliches Chaos werfen, sind augenblicklich in Sorge um die persönliche Einladung, die sie mir eben noch in die Hand gedrückt haben und die umgehend wie von Zauberhand in einem Stapelschlund verschwunden ist.

Andere, die mich gut zu kennen glauben, sagen inzwischen völlig emotionslos, für mein Dafürhalten fast schon leichtsinnig: Ich habe es dir auf deinen Schreibtisch gelegt. Aber so funktioniert es nicht. So entsteht sofort Chaos-Chaos. Ich muss schon wissen, wo genau derjenige es hingelegt und vielleicht auch noch, welche Farbe es hat, nur so habe ich beim Suchen eine Chance.

Ich könnte jetzt behaupten, das mit dem Chaos sei erblich bedingt. Das Gegenteil ist der Fall. Meine Mutter war ein Vorbild in Sachen Ordnung und Organisation und hat das an meine Schwestern eins zu eins weitergegeben. Ich sehe ihre Kleiderschränke, das Innere ihrer Besteckkästen und werde nachdenklich. Muss bei mir eine Art Gendefekt sein. Ordnung so sichtbar zu halten, wie sie es beherrschen, übersteigt mein Vorstellungsvermögen.

Es ist nicht so, dass ich es nicht jahrelang versucht hätte. Ach was, wenn man fast siebzig ist, kann man durchaus schon von jahrzehntelang sprechen. Ich kann es nicht. Besser: Ich will es nicht, mein selbst gestaltetes, individuelles Chaos verheißt mir so viel mehr an Lebensqualität. Ich bin chaotisch, ja und? Schließlich behindere ich mit meiner Art, Ordnung zu halten, niemanden, und das minimale Schamgefühl, wenn der Postmann bei der Paketabgabe einen entgeisterten Blick ins Arbeitszimmer wirft, irritiert mich schon lange nicht mehr. Ich spüre keinen Druck mehr, etwas zu verändern.

Von Vorsätzen, die man irgendwann über Bord wirft, von Mustern, in die man verstrickt ist, von Erwartungen, die man an sich selbst hat, von lebenslang runtergebeteten Leitsätzen, die keine Bedeutung mehr haben: Sich von jenen Altlasten endlich zu lösen, kann ein herrlicher, federleichter Abschied sein.

—

Der Mann, der mich seit geraumer Zeit liebt und der mich geheiratet hat, behauptet, ich sei ein Wunder.

Ein Wunder im Umdeuten von Gebrauchsanleitungen und ähnlichen Dingen. Dazu kommen zwei linke Hände.

Ich bin anscheinend nicht in der Lage, eine Packung mit Tabs für den Geschirrspüler so zu öffnen, wie der Hersteller es vorsieht. Am Rand irgendeiner gezackelten Linie eine Art Faden zu finden, an dem man nur noch ziehen muss, damit die Schachtel eine schnurgerade Öffnung produziert, aus der ich problemlos die Tabs entnehmen kann. Funktioniert bei mir nicht.

Ich vermute zu meinen Gunsten, dass ausgerechnet ich in der Fünf-Jahres-Produktion der Firma die einzige defekte Packung erwischt habe, bei der es mit dem Stanzen der Zacken nicht geklappt hat. Bei mir verläuft die Linie schief, folglich reißt sie ab, bevor ich an ihrem Ende angekommen bin. Ich suche mir einen anderen Weg, zerre ungeduldig an den falschen Stellen, fummele mit dem Brotmesser an der dicken Pappe herum, finde eine Schnittstelle, der Karton gibt nach, ein Dutzend Tabs fallen auf den Boden.

Andere Menschen beherrschen das Öffnen einer Schachtel problemlos. Nicht nur einmal. Immer wieder.

Der Mann, der mich seit geraumer Zeit liebt und trotz meiner offensichtlichen Aufreißschwäche auch geheiratet hat, möchte mich zu gern als Testperson in die Industrie schicken. Erst wenn es mir gelingt, eine Flasche Sonnenmilch mit Sprayverschluss so zu öffnen, dass mir der Inhalt nicht explosionsartig ins Gesicht schießt, weil ich an der falschen Stelle gedrückt habe, erst, wenn ich eine Dose Sardellen so öffnen kann, dass ich auch tatsächlich an die Fische rankomme, erst dann, meint er, sei ein Produkt wirklich wettbewerbsfähig. Weil man eben auch an jene Verbraucher denken müsse, die an eine Sache so rangehen wie ich. So unlogisch und unbeholfen, meint er, aber das sagt er nicht.

Ich habe mich in der Tat vor langer Zeit schon damit abgefunden, in den praktischen Dingen des Lebens ein unterbelichteter Mensch zu sein. Ohne Aussicht auf Besserung. Bei allem, was Nippel, Lasche, einen Drehverschluss oder Öffner-Schnickschnack aufweist, überlasse ich die Handhabung anderen.

Das gilt natürlich auch für das Umstellen der Autouhr auf Sommerzeit oder für die neuen Medien.

Neulich saß mein zwanzigjähriger Neffe vor meinem Rechner und skypte mit seiner neuen Freundin in China. Dass das mit meinem Computer möglich ist, hat mich noch eine Weile beschäftigt.

Nein, ich kokettiere nicht mit meinem Unwissen, es gibt eine Menge Dinge zwischen Himmel und Erde, die mich wirklich interessieren. Skypen und Ölsardinendosen gehören nur bedingt dazu.

Ich habe mich ganz bequem in der Rolle eingerichtet, dass der Mann, der mich seit geraumer Zeit liebt und auch geheiratet hat, am Frühstückstisch mit einem stummen Blick das Gurkenglas einfordert, weil ich es nicht aufkriege. Dass ich es vorher mal ordentlich mit dem Glasrand auf die Tischkante gehauen habe und er nur noch eine lächerlich lässige Bewegung braucht, bis ihm das Gurkenwasser auf's Hemd schwappt, geschenkt.

Dieses Wie-geht-das-ich-kann-es-nicht ist natürlich extrem hinderlich, wenn ich allein irgendwo bin und beim Frühstück im Hotel die Folie vom Leberwurstdöschen nicht abkriege.

Könnte es aber nicht auch so sein, dass ich stets einen sehr vernünftigen, nämlich direkten Weg suche, an Sachen heranzugehen? Die Konstrukteure dagegen absonderliche Umwege nehmen, viel zu umständlich unterwegs sind?

Ich frage mich bis heute, warum man Induktionsherde braucht, aber zum Glück koche ich zu Hause mit Gas, muss mir also nicht unnötig den Kopf zerbrechen. Dachte ich, bis ich in einem Ferienhaus in Spanien stehe und Rührei zum Frühstück will. Die Zeichen auf dem Induktionsherd hat mir der Besitzer ausführlich erklärt, mit dem sehr deutlichen Hinweis, mich unter keinen Umständen auf das Zeichen mit dem langen, einsamen Strich in der Mitte einzulassen. Wer das berührt, bekommt kein Rührei mehr, sämtliche Platten des Induktionsherdes sind sofort gesperrt. Es sei denn, man berührt den Entriegelungsknopf.

Das System überfordert mich, denn die Kochfelder werden nicht automatisch heiß, nur weil man ein aufgemaltes Zeichen berührt. Nein, man muss drücken und gleichzeitig blitzschnell die Pfanne auf den Herd stellen. Der ist nämlich schlau und denkt: Wenn nichts auf mir draufsteht, brauche ich auch nicht warm zu werden, da gehe ich besser in Wartestellung und blinke ein bisschen. Nach ein paar Versuchen bin ich ihm auf die Schliche gekommen, ich kenne seine Tricks, wir arbeiten im Rahmen meiner technisch beschränkten Möglichkeiten ganz gut zusammen. Bis zu jenem Rühreimorgen.

Statt meinen Daumen links auf das Ein-Zeichen zu legen, mache ich es rechts, auf der verbotenen Seite. Drücke gedankenverloren auf das Zeichen mit dem langen, einsamen Strich. Eine kleine rote Lampe blinkt hektisch, der Herd antwortet mit zwei leicht hysterischen Pieptönen. Und sperrt mich fortan vom Rühreimachen aus. Ich drücke auf alles, was nach Taste aussieht, resigniere irgendwann, gehe runter in die Strandkneipe, esse mein Rührei dort. Beschließe, dass ich mich von so ein bisschen Herd nicht weiter beeindrucken lasse, also auch abends die Küche kalt bleibt. Suche Zuflucht in einem Restaurant, wo ich das Piepen nicht mehr hören kann und wo sie, wie ich durch das Fenster des Lokals erfreut sehe, mit Gas kochen.

Spätabends versuche ich mein Glück noch mal, aber nichts außer Rotlicht.

Die Platten bleiben gesperrt.

Am nächsten Morgen überschlage ich kurz, ob ich den Herd in den nächsten vierzehn Tagen überhaupt brauche oder ob ich mit Käsebroten und Koteletts vom Grill im Garten durchkomme.

Grillen ..., da fällt mir sofort ein, das macht seit Jahren der Mann, der mich liebt und ... Dieser Mann grillt in höchster Perfektion, fabriziert im Sommer auf dem Balkon die schönste Glut der Republik. Wie, das hat er so ganz nebenbei zu seinem Geheimnis gemacht.

Ich maile einer Freundin, die für mich insgeheim die Königin des Cyberspace ist, weil sie mir *Spiegel online* und die Bundesligakonferenz auf den Laptop gezaubert hat. So ganz nebenbei hat sie mir auch noch gezeigt, dass man einen Smiley auf der Tastatur des Rechners nicht nur mit Doppelpunkt und halber Klammer designen kann, sondern dass es nur eines Klicks an der richtigen Stelle bedarf, um den Adressaten der Mail zu erfreuen oder zu nerven. Das ahnte ich zwar schon, nur wo genau man klicken musste, das war mir ein Rätsel geblieben.

Eine wie meine Freundin eignet sich hervorragend als Testerin in der Verpackungsindustrie.

Zunächst geht sie mit gesundem Menschenverstand an das Öffnen von Ölsardinen, Sonnenmilch und dergleichen heran. Wenn sie damit nicht weiterkommt, denkt sie so wie es die Konstrukteure von Verpackungen für Geschirrspülertabs und Induktionsherden offensichtlich auch tun.

Sie denkt um die Ecke.

Ich konfrontiere die Freundin in Deutschland per Mail mit dem Induktionsherd in Spanien. Ganz lange auf den blinkenden roten Knopf drücken, schlägt sie vor.

Ich drücke abwechselnd mit linkem und rechtem Daumen. Nehme Zeigefinger und Mittelfinger dazu und lasse erst wieder los, als es wehtut. Nichts passiert, das Blinken geht unbeirrt weiter.

Ich werde sauer, auf wen ist mir nicht ganz klar. Mutmaßlich auf mich, weil ich es nicht kann.

Wie schon so oft. Warum wundere ich mich eigentlich?

Ich rufe bei der Agentur an, die das Haus vermietet hat. Mit blinkenden Induktionsherden kennen sie sich auch nicht aus, sie wollen sich erst mal im Internet schlau machen.

Nach einer halben Stunde melden sie sich mit der frohen Botschaft: das Zeichen mit dem roten Licht lange gedrückt halten. Mit dem Telefon am Ohr nähere ich mich dem Licht, innerlich mit leichter Panik, dass es genau jetzt doch funktionieren könnte und ich mich einmal mehr als technische Niete erweise.

Zum Glück passiert – nichts. Bei der Agentur sind sie ratlos, sie versprechen, zurückzurufen. Ich bleibe am Herd stehen und beschimpfe leise dieses widerständige Miststück. Gucke auf die Tastatur und wundere mich. Unter dem Zeichen für das Sperren des Herdes gibt es ein Zeichen mit einer kleinen Uhr. Das hatte ich zuvor schon ein paarmal flüchtig berührt. Ohne Folgen.

Großer Zeiger auf der Zwölf, kleiner auf der Neun. Warum neun Uhr, frage ich mich. Soll man neun Stunden auf irgendetwas warten?

Oder schaltet sich der Herd nach neun Stunden automatisch ab, weil dann die Maximalkochzeit überschritten ist?

Warum bitte malen sie sonst eine Neun-Uhr-Zeit auf das Zeichen?

Das muss eine Bedeutung haben, oder nicht?

Weil ich jetzt ohnehin an dem blöden Teil stehe, drücke ich die Taste mit der Uhr. Lange, sehr lange.

Das Piepen hört auf, das rote Licht erlischt, ich gehe auf die linke Seite, dort wo der Herd eingeschaltet wird – und ja klar, es funktioniert.

Die Platten werden warm, weil ich auf neun Uhr gedrückt habe.

Und langsam kommt mir die Erkenntnis, dass es keineswegs an meinem technischen Unverständnis liegen kann. Es liegt viel eher an der Denkweise von Fachleuten, die ein solches Piktogramm auf den Herd zaubern.

Der Vorteil von Piktogrammen ist ihre simple Botschaft: ein Hund in gebeugter Haltung auf einer Wiese und quer darüber ein roter Balken. Das kann man in keinem Fall missverstehen.

Aber warum zeigt eine Uhr auf einem Herd eine bestimmte Zeit an, und genau die ist das Zeichen für das Entsperren der Verriegelung? Wer denkt sich einen solchen Um-die-Ecke-Schwachsinn aus?

Meine Scheu vor technischen Geräten, vor Flaschen, Dosen, Fernbedienungen, Herden und Kisten mit Geschirrspülertabs ist völlig unbegründet.

Es liegt nicht an mir. Warum sollte ich davon ausgehen, dass man mir zumutet, um die Ecke zu denken?

Es bricht eine neue Zeitrechnung an, ich fühle mich herausgefordert. Seit der Sache mit der kleinen Uhr ist klar: Schluss mit »Ich-kann-es-nicht«.

Trial and error, es lebe das Experiment. Wenn es nicht gleich funktioniert, dann eben später, wenn ich um die Ecke gedacht habe. Ich nehme mir den Fernsehapparat im Ferienhaus vor. Der zeigte bislang nur das Erste, das ist auf Dauer öde, ich hatte mich allerdings noch nicht an die beiden Monsterfernbedienungen herangewagt. Eine geballte Ladung Tastatur, in der Vergangenheit hatte das noch nie funktioniert. Aber das war gestern, jetzt probiere ich beidhändig alle Knöpfe aus, mehrmals ist der Bildschirm komplett tot. Was mich aber nicht ernsthaft an mir zweifeln lässt. Irgendwann zeigt das Display 1059 Kanäle an.

Na bitte.

Es gibt einige Dinge, bei denen ich sehr eigen bin. Es muss immer genug da sein. Oder umgekehrt formuliert: Ich habe stets die Sorge, dass NICHT genug da sein könnte.

Einladung zum Königsberger-Klopse-Essen.

Diesem Westermann-Gericht eilt ein legendärer Ruf voraus. Wann immer ein Gast sich bei *Zimmer frei* Königsberger Klopse wünschte, bekam er sie hausgemacht. Von mir, am Morgen der Sendung am eigenen Herd zubereitet. Von dem, was übrig blieb, konnte hinterher noch die halbe Studiobesatzung satt werden.

Damit es auch zu Hause beim privaten Abendessen für alle reicht, rechne ich großzügig pro Person drei Klopse. Macht bei vier Menschen zwölf Klopse.

Was aber, wenn einer dabei ist, der sie so fabelhaft findet, dass er vier, vielleicht sogar fünf schafft?

Besser, man sorgt entsprechend vor.

Ich kaufe Hack für sieben Personen. Dazu Salzkartoffeln in Kompaniestärke. Falls wider Erwarten welche übrig bleiben, gehen die prima als Bratkartoffeln.

Es bleibt immer viel zu viel übrig. Ich könnte aus Erfahrung klug werden, aber das klappt nicht. Ich weiß nicht, ob ich jene Furcht vor Mangel aus der emotionalen Unterversorgung meiner Jugendtage mit ins Erwachsenenleben geschleppt habe. Liebe wie gelernt schon anderweitig vergeben, Zuwendung, Aufmerksamkeit. Vielleicht ist diese Erklärung aber auch nur Küchenpsychologie. Fakt ist: Ich kaufe von allem zu viel. Nicht nur Hackfleisch für den Haushalt.

Ich bin ein Zweifach-Nehmer. In einer Boutique sehe ich ein schönes Shirt, ich kaufe es. So weit noch alles im grünen Bereich. Wenige Stunden später schon, spätestens aber am nächsten Vormittag, tauche ich wieder in dem Laden auf, um ein zweites Shirt zu kaufen. Ich variiere weder Farbe noch Form. Das Teil muss identisch sein mit dem, was ich schon habe.

»Das hast du doch schon« oder »Warte doch, vielleicht sehen wir noch ein Schöneres« sind verschwendete Argumente. Es greift die Methode Eichhörnchen. Als müsste ich mich gegen unerwartet auftretende, rätselhafte Hemden-Versorgungsengpässe wappnen.

Es ist nicht so, dass sich ein Doppelkauf-T-Shirt durch besonderes Material oder einen raffinierten Schnitt auszeichnen würde. Aber ich finde es schön genug, um es zweimal zu kaufen. Das muss als Begründung reichen. Könnte doch sein, dass ich mir beim Zigarillorauchen auf dem Balkon durch herunterfallende Asche ein Loch ins Hemd brenne.

Ist mir zwar noch nie passiert, aber einmal ist immer das erste Mal. Oder in der Küche beim ungeschickten Hantieren mit dem Rote-Beete-Glas ein nie mehr zu tilgender Fleck aufs Hemd kommt.

Ist bei einem schwarzen Hemd nicht unbedingt eine Katastrophe, und rote Beete gibt es auch nur zweimal im Jahr. Ein Kollateralschaden, den man gelassen hinnehmen könnte, nicht zwangsläufig eine bestechende Begründung für den Zweitkauf. Das ficht mich nicht an, Fakt bleibt: Ich nehme zwei.

Ich kaufe zwei identische Shirts, von denen ich das zweite – oder auch das erste, da bin ich nicht wählerisch – nie anziehe.

Es liegt unberührt im Schrank, bis ich ausmiste und ein Sack in die Altkleidersammlung geht. Doppelpack funktioniert auch ausgezeichnet mit Hosen, Kleidern, Röcken und Schuhen.

Am Ende zahlt es sich vermutlich finanziell sogar aus. Ich bin ein Shopping-Schwächling, kann in Weltstädten ungerührt Monumente, Museen und Kunstwerke besichtigen, ohne auch nur ein einziges Mal in Versuchung zu kommen, einen Abstecher in die dortigen Boutiquenmeilen zu unternehmen.

Ich habe oft versucht, dem Druck des Doppelpacks standzuhalten. Wusste aber insgeheim schon lange, dass ich mich damit arrangiert habe. Wenn nicht sogar angefreundet. Ist eine

Macke, aber ich finde sie nicht wirklich beunruhigend. Fast schon im Gegenteil: Ich habe mich soeben öffentlich zu dieser Schwäche bekannt, kann das Gefühl der stillen Scham endlich getrost abhaken.

—

Fernsehen bildet. Vor geraumer Zeit hat mich ein Münchner *Tatort* trotz seiner drei Leichen überrascht, weil er am Ende eine bestechende Botschaft fürs Weiterleben hatte.

Kommissar Ivo Batic verzettelt sich in einer Affäre mit einer verheirateten Frau. Ist verliebt, hofft, dass sie sich von ihrem Mann trennt. Merkt nicht, wie aussichtslos das Warten ist. Bei einer Befragung lernt er eine Therapeutin kennen. Sie erklärt ihm, dass sie mehr als nur einen Menschen liebt, mit mehr als nur einem Mann ins Bett geht. Polyamorie nennt man das.

Sie gibt ihm zur Erklärung ein Maßband, wie es Schneiderinnen haben. Zusammengerollt gerade mal so groß wie ein Schneckenhaus, aber als Ganzes ausgerollt hundert Zentimeter lang.

Die hundert Zentimeter möge der verliebte Kommissar jetzt bitte in Jahre umrechnen. Hundert Zentimeter sind hundert Jahre. Vom Maßband jene Jahre abschneiden, die er schon gelebt hat. 54.

Das Band wird deutlich kürzer.

Die Lebenserwartung eines deutschen Mannes liegt im Schnitt bei 78. Oben bei der Hundert auf dem Maßband bitte noch mal die Jahre/Zentimeter bis zur 78 abschneiden. Bleiben für den Kommissar noch 24 Jahre.

Ob er die mit Warten vergeuden wolle, fragt die Therapeutin und drückt ihm den Maßbandverschnitt in die Hand.

24 Jahre sind eine Menge, verglichen mit meiner Endzeitrechnung. Noch bevor ich das Maßband an mein Leben lege, steigt kurz Panik in mir hoch.

Ich ahne, welch kümmerliche Restlebenszeit mir bleibt. Wenn alles nach Plan läuft.

Der Plan des Statistischen Bundesamtes sieht vor, dass die durchschnittliche Lebenserwartung einer Frau theoretisch bei 83 Jahren liegt.

Blieben mir praktisch noch 14 Jahre. Ein Klacks, wenn ich auf die 69 Jahre gucke, die schon hinter mir liegen. Wie viel Zeit habe ich vertändelt, weil ich vergeblich auf jemanden gewartet habe?

Wie viel Zeit im Bemühen, geliebt, wenigstens aber gemocht zu werden. Wenn schon nicht von allen, so doch bitte von den meisten.

Wie oft habe ich Ja gesagt, obwohl mir ein Nein weitaus näherlag?

Wie oft habe ich geschwiegen, wenn ich am liebsten laut meine Meinung gesagt hätte?

Wie oft habe ich gute Miene zu bösem Spiel gemacht?

Wie viele Jahre von diesen 69 habe ich damit verbracht, meinen eigenen Weg zu finden, und hin und wieder neidisch auf jene geschielt, die bequemer und schneller auf ausgelatschten Massenpfaden vorangekommen sind?

Wie oft habe ich Anlauf genommen, ehe ich tatsächlich gesprungen bin?

Wann habe ich Gelassenheit gelernt? Und wann aufgehört mich darüber zu wundern, wie gut sie mir tut?

Theoretisch und mit Maßband habe ich noch vierzehn Jahre Leben.

Vierzehn Jahre, in denen ich mich tatsächlich um die Unordnung auf meinem Schreibtisch sorgen soll?

Oder um den T-Shirt-Doppelkauf, die zwölf Klopse, die am Ende immer übrig bleiben?

Ich denke nicht daran, meine Restlebenszeit mit solch Nebensächlichkeiten zu vertändeln.

Nach der Maßbandtheorie des Tatorts habe ich nicht mehr viel Zeit. Schwer zu akzeptieren für mich, die ich doch von allem immer genug haben möchte.

—

Wenn wir schon mal dabei sind: Ich werde auch die Reise nach Jerusalem unbeirrt fortsetzen.

Ein von mir ständig praktiziertes Suchspiel.

Sobald ich in ein Restaurant komme, sehe ich einen Tisch, der besser gelegen zu sein scheint als der von mir reservierte. Schönere Aussicht, weiter weg vom Klo, nicht so dicht dran an den anderen Gästen oder je nach Stimmungslage auch gern praktisch auf dem Schoß der sympathischen Nachbarn am Nebentisch. Ich treibe Kellner und Mitmenschen mit meiner ständigen Umsetzerei wahlweise in Wut oder Wahnsinn, beides still, aber deutlich zu spüren. Ein Hund dreht sich dreimal um die eigene Achse, bis er endlich richtig liegt. Ich drehe drei Runden im Lokal, bis ich den idealen Platz gefunden habe.

Ja und?

Für den Rest meines Lebens, habe ich nach der Maßbandtheorie beschlossen, werde ich nur noch dort sitzen, wo es mir gefällt. Mehrmaliges Umsetzen durchaus inbegriffen. Falls das nervt und dauert, nervt und dauert es eben. Mich dafür groß zu entschuldigen und zu erklären, habe ich nicht vor.

Wieso auch? Hat sich doch gezeigt, dass die anderen nach dem großen Stühlerücken stets besser sitzen als gedacht. Was mich glücklich macht. Denn auch das werde ich nicht mehr lassen können, das Kümmern um andere. Mich erst wohlzufühlen, wenn es allen um mich herum gut geht.

Das steckt seit Kindertagen so tief in mir drin, dieses Muster zu ändern, das klappt frühestens im nächsten Leben.

Was im jetzigen Leben im Ernstfall bedeuten kann, dass ich wieder mit Blick auf die Toilettentür statt mit Aussicht auf den Rhein sitze. Aber immerhin sitze ich nicht mehr so dicht vor dem Klo, wie es wahrscheinlich gewesen wäre, hätte ich nicht die Reise nach Jerusalem angetreten.

5

Wenn wir schon bei alten Mustern sind: Ich arbeite derzeit an einem besonders schwierigen Abschied.

Ich will mein Leben nicht mehr danach ausrichten, was andere von mir denken könnten. Präziser: Was ich denke, dass sie denken.

Es ist mir beinahe eine Pflicht, zuerst zu grüßen. Pförtner, Flugbegleiter, den Obdachlosen vor dem Supermarkt. Ich grüße zuerst, wenn mir auf einem Flur jemand entgegenkommt. Auch wenn ich ihn noch nie gesehen habe. Weil ich das möchte und weil es sich so gehört. Es gibt noch ein drittes Weil, und damit bekommt das automatische Grüßen ordentliche Schieflage. Ich tue es, weil ich überzeugt bin, zu wissen, was der andere denkt.

Falls ich nicht zuerst grüße.

Arrogant, die Westermann. Leute vom Fernsehen haben es wohl nicht nötig zu grüßen. Denkt er, denke ich. Ich halte das für die Wahrheit und richte meine Wirklichkeit danach aus.

Dabei habe ich keine Ahnung, was einer auf dem langen Flur des Senders denkt, wenn er mir entgegenkommt.

Vielleicht denkt er, ach die Westermann, schön die zu sehen. Vielleicht denkt er auch gar nicht über mich nach, sondern über seinen Steuerberater oder dass er mal wieder zum Frisör müsste. Läuft gedankenlos an mir vorbei, hat nicht mal ein Kopfnicken übrig.

Und ich nehme es persönlich. Denke, der kann mich nicht leiden. Halte das wie selbstverständlich für die Wahrheit.

Es ist ein Muster, das ich gut kenne. Muster, Glaubenssätze beginnen früh im Leben, zeigen sich in jedem Detail, mag es noch so klein und vermeintlich albern sein, wie ein fehlender Gruß auf dem Flur.

Ich halte meine Gedanken für die Realität. Dass die Wirklichkeit ganz anders aussehen kann, kommt mir nicht in den Sinn. Um diesen irrlichternden Gedanken auf die Spur zu kommen, hat die Amerikanerin Byron Katie eine Fragetechnik erfunden.

Im Falle des Mannes auf dem Flur hieße das so: Wie geht es mir mit dem Gedanken, der Mann im Flur hält mich für arrogant?

Schlecht, logisch.

Wie ginge es mir ohne den Gedanken?

Prima, ich würde an ihm vorbeilaufen, freundlich grüßen oder es auch lassen, weil ich gerade mit etwas anderem beschäftigt bin. Ob er das für unhöflich oder arrogant hält, wäre mir in diesem Zustand völlig egal.

Jetzt wird es spannend.

Nämlich dann, wenn man die Frage umkehrt.

Der Mann auf dem Flur hält mich NICHT für arrogant. Warum könnte das wahr sein?

Warum sollte er, er kennt mich doch nicht?

Weil es ihm schlicht egal ist?

Weil es meine Gedanken sind, die ihm das unterschieben?

Man kann die Frage auch noch weiter drehen, weiter umdrehen. Eine Möglichkeit wäre zum Beispiel: Ich halte ihn für arrogant. Weil er mir nicht genug Aufmerksamkeit schenkt und durch sein Verhalten beinahe automatisch jene Gedankenkette in Bewegung setzt, deren Endstation in meinem Falle stets heißt: Ich bin nicht gut genug. Wahlweise: Ich bin es nicht wert. Wäre ich es, würde er grüßen, oder?

Achtsamkeit bedeutet, das zu beobachten. Wahrzunehmen, wie sich die Gedanken selbstständig machen. In Richtungen abdriften, die mit der Realität, Frau auf Flur trifft Mann, nichts mehr zu tun haben.

Und: Sich für diesen gedanklichen Irrsinn später nicht zu beschimpfen.

Im Gegenteil: Achtsamkeit heißt, freundlich wahrnehmen, vielleicht sogar liebevoll, ohne jegliche Wertung feststellen, man hat wieder seinen Gedanken geglaubt und nicht der Realität.

Meine Gedanken zu hinterfragen, scheint mir heute fast selbstverständlich. Ich bin nicht, was ich denke.

Während ich das niederschreibe, stelle ich fest, wie tief mein altes Muster sitzt. Während ich schreibe, frage ich mich nämlich, ob es meinem Achtsamkeitslehrer Georg gefallen wird. Ob ich es richtig erklärt habe.

Ob er nicht vielleicht denkt, Mensch, der hätte ich das Diplom besser doch nicht gegeben, die kann das doch noch gar nicht ... ich denke, was er denken könnte. Und halte es für wahr.

Zum Trost kann ich mir sagen: Schon mir bewusst zu werden, wieder in das alte Muster gerutscht zu sein, ist ein Erfolg. Ein kleiner, aber wer sagt denn, dass alles sich von jetzt auf gleich ändern wird?

Georg, mein Achtsamkeitslehrer seit mehr als fünf Jahren, sagt es jedenfalls nicht.

Er würde mich jetzt angucken, auf seine spektakuläre Art laut lachen und fragen: Ist es wahr, dass du es nicht kannst? Und wie geht es dir mit dem Gefühl: Ich kann es nicht? Wie lautet die Umkehrung des Gedankens, ich kann es nicht?

Ich kann es.
Warum könnte das wahr sein?

Ich habe in den letzten Jahren Achtsamkeit und Bewusstsein trainiert, habe ein dreijähriges Seminar gemacht und ein Diplom bekommen. Es hängt zu Hause, gleich über dem Grimme-Preis.

Ich habe es nicht gemacht, weil ich den Beruf wechseln und statt Journalistin Bewusstseinstrainerin sein will.

Ich habe es für mich gemacht. Ich wollte das Muster auflösen, mich von ihm verabschieden.

Verabschieden, das passt zwar zum Thema dieses Buchs, ist aber viel zu vorsichtig formuliert. Ich will es loswerden, es behindert mich, macht mein Leben schwer und schwierig. Ich habe gelernt:

Im Laufe des Lebens trainiert man jene Perspektiven, aus denen man die Welt wahrnimmt. Sie werden zu einem Muster und damit zu einem scheinbar völlig natürlichen Zustand, den man nicht mehr erkennt und deshalb auch nicht ändern kann.

Ich bin nicht gut genug, das antrainierte Westermann-Muster.

Achtsamkeit ist die Kunst, Muster wahrzunehmen. Mehr nicht. Wahrnehmen, nicht werten.

Ganz allmählich verändert sich mein Leben.

So sachte und so tief drinnen noch, dass ich zögere, es nach außen zu tragen, darüber zu schreiben.

Der Achtsamkeitslehrer und Bewusstseinstrainer Georg ist Journalist wie ich. War Journalist. Er saß in der Redaktion eines renommierten Fernseh-Politmagazins, stand jahrelang unter Strom, Livesendung, Zeitdruck, nichts durfte schieflaufen. Saß im Hamsterrad als Perpetuum mobile.

Ich muss raus hier. Das tut mir nicht gut.

Es hat Jahre gedauert, bis er das, was er spürte, auch wirklich sagen und verändern konnte.

Er gab alles auf, Wohnung, Freunde, Habseligkeiten, zog mit einem Rucksack nach Südfrankreich, ins Plum Village. Ein Kloster und Meditationszentrum, vor mehr als dreißig Jahren von dem vietnamesischen Mönch Thich Nhat Hanh gegründet, den alle, die bei ihm gelernt haben, nur Thay nennen.

Georg hat uns viel von seinem Lehrer Thay erzählt. Es war nie abgehoben oder verklärt, es kam immer mitten aus dem Leben. Ich habe nachfühlen können, warum Menschen, die Thay begegnet sind oder nahestehen wie Georg, so beeindruckt sind, ihn verehren.

Seinen ersten Thay-Vortrag in Plum Village hörte Georg am Silvesterabend 1999.

31.12.1999, jener Abend, an dem Menschen auf der ganzen Welt damit beschäftigt waren, sich darin zu überbieten, wer den Milleniumswechsel am spektakulärsten feiern kann.

Georg hat Thays Vortrag von jenem Silvesterabend in Teilen aufgeschrieben:

»Wir haben alle ein Date mit dem Leben. Die Frage ist allerdings, gehst du hin zu deinem Date oder verpasst du es?

Das Date mit dem Leben passiert gerade jetzt in diesem Moment, weil das Leben immer nur im Moment, im Jetzt stattfinden kann. Wir allerdings sind die meiste Zeit mit unseren Gedanken unterwegs in der Vergangenheit oder der vermeintlichen Zukunft, sind beschäftigt mit unseren To-do-Listen oder verlieren uns in unseren Fantasiewelten. Wir arbeiten darauf hin, einen Job zu erledigen, Haus oder Wohnung abzubezahlen, den möglichst richtigen Partner zu finden, Erfolg im Beruf zu haben, um dann endlich in unserem Leben anzukommen.

Unser Leben passiert jedoch nicht erst dann, wenn wir dieses oder jenes erledigt haben. Es beginnt nicht erst am Wochenende, oder wenn der Urlaub anfängt oder man in Rente gehen kann.

Es passiert genau jetzt. Jetzt ist der einzige Augenblick, der zählt, weil es der einzige Augenblick ist, der existiert. Es gibt keine Garantie, dass wir den nächsten Moment oder den nächsten Tag erleben.«

Es passiert genau jetzt, während ich das hier aufschreibe.

Hier und jetzt ist alles in Ordnung. Nach dem nächsten Atemzug immer noch. Von Atemzug zu Atemzug, lehrt Georg in seinen Seminaren, hält man sich in der Wahrnehmung. Und stellt überrascht fest: Das Einzige, was nicht in Ordnung war, waren meine Gedanken, meine Urteile und Glaubenssätze über mich, meine Mitmenschen oder die Situation, in der ich mich befand.

Was der Mann auf dem Flur über mich gedacht hat, kann ich nicht wissen. Es spielt hier und jetzt keine Rolle.

6

Wie geht's? Diese ungeschickte Zeitüberbrückungsfrage im Fahrstuhl, das Interesse-Heucheln zwischen Tür und Angel, die Bloß-keine-Stille-Entstehenlassen-Frage.

Ich habe mich entschlossen, darauf jetzt stets mit »gut« zu antworten. Das ist nämlich, wenn ich die Frage mal in mir nachhallen lasse, die Wahrheit. Es geht mir gut. Dass ich gerade im Parkhaus ein Auto angedellt habe, auf die Polizei warten musste und somit einen Termin verpasst habe, ist zwar temporär ziemlich ärgerlich, verschlechtert aber, wenn ich es mir genau überlege, meinen derzeitigen Gesamtzustand nicht wirklich.

Ich bin gesund und die, die mir wichtig sind, auch, ich mache schöne Sachen im Leben, habe einen Beruf, den ich liebe, ausreichend Geld.

Das sind doch erst mal genügend Gründe fürs Gutgehen, oder? Die Geschichte mit dem angedellten Auto wäre für eine Fahrt in den dritten Stock ohnehin viel zu lang.

Es geht mir gut, das sage ich jetzt, wenn mich einer fragt. Ich lasse dieses unnötige weil gedankenlose Jammern einfach weg.

Manchmal sind Abschiede eben klitzeklein. Aber von großer Wirkung.

Großes Kaufhaus mit teurer Feinkostabteilung. Die Fischabteilung bietet eine fast schon unanständig üppige Auswahl, alles da, was ich noch nie gesehen habe, ich kann gerade mal einen Kabeljau von einem Lachs unterscheiden.

Heilbutt kenne ich auch noch, der hat eine schwarze, fettglänzende Haut. Das weiß ich aus Kindertagen, als Fisch noch preiswert war und es zum Mittagessen Heilbutt mit Petersilien- wahlweise Dillsoße gab. Abends gab es Brot. Abendbrot, wie ich diesen Ausdruck liebe. Und das, was aufs Brot kam. Leberwurst oder Rügenwalder mit Gürkchen und wenn meine Mutter gut drauf war, manchmal kleine Gesichter aus Mayonnaise auf den hartgekochten Eiern. Fisch gab es auch häufig am Abend, Bücklinge, Kieler Sprotten oder Schillerlocken. Ich merke gerade selbst, dass ich doch ein ganz passabler Fischkenner bin.

Mindestens einmal in der Woche, das war eine unumstößliche Regel, gab es mittags Heringe nach Hausfrauenart. Ganz simpel, Hering, Gurken, Äpfel, Zwiebeln und eine weiße Sahnesoße. Mir zuliebe immer mit extra vielen Äpfeln.

Heringe Hausfrauenart, das kennt jedes Kind.

Hinter der Glasscheibe der Fischtheke des Kaufhauses sind große Schüsseln aufgereiht, auf allen steht Hering drauf. Ist auch überall drin, in interessanten Geschmacksvarianten. Indisch mit Curry, orientalisch, eingelegt nach Husumer Art, Portugiesisch mit Madeira, mit Pfefferkörnern und Anis, ohne Gurken aber dafür mit Koriander. Ich fühle mich sofort überfordert und suche nach geschultem Personal. Ein sehr junger Mann in weißem Kittel guckt mich auffordernd an. Ich versuche, seinen Blick zu ignorieren und stattdessen eine Verkäuferin heranzubeamen, von der ich sicher bin, dass sie schon auf der Welt war, als der Fisch noch billig war.

Leider ist die entsprechende Dame damit beschäftigt, in der Vitrine klar Schiff zu machen, Kaviardosen von links nach rechts zu räumen, aus Räucheraal waghalsig hohe Pyramiden zu bauen.

»Darf ich Ihnen weiterhelfen?«, fragt der junge Mann.

Er arbeitet in der renommierten Fischabteilung eines großen Kaufhauses, da wird er ja wohl vorher eine fundierte Heringsausbildung genossen haben. Hoffe ich und werfe alle meine Vorurteile über Bord. Sie kommen beinahe postwendend zu mir zurück.

»Heringe Hausfrauenart, bitte«, sage ich.

Er stutzt nur kurz und greift entschlossen nach einer Schüssel, in der der Fisch in einer blassrosa Soße schwimmt.

Malaysisch, mutmaße ich still.

Und laut sage ich: »Ist das Hausfrauenart?«

»Das kann man alles mit nach Hause nehmen«, gibt er freundlich zurück.

»Ich meine so wie früher«, sage ich zögernd und weiß sofort, dass das ein Fehler ist.

Sein Früher liegt höchstens fünf, meines mindestens 50 Jahre zurück. Heringe Hausfrauenart, der Name ist definitiv was von früher. Das Rezept auch. Von dem Gedanken, dass es heute noch wie selbstverständlich verstanden wird, kann ich mich jetzt getrost verabschieden.

»Heringe mit Sahnesoße und Gurken und Äpfeln ... Hier sind Gurken drin, aber keine Äpfel«, sagt er, deutet auf eine Schüssel und zögert, ob er mir nicht auf gut Glück mal die gelbe Curry-Heringspampe anbieten soll, vielleicht hat die ja Äpfel ...

Die ältere Fischverkäuferin erbarmt sich meiner. Oder seiner. Je nachdem, wie man es sehen will.

»Heringe Hausfrauen Art, Max, das sind ...« und rattert das perfekte Rezept runter, während sie eine ordentliche Portion abfüllt. »Machen Sie noch ein bisschen Essig an die Soße, sie wird so sämiger, das mag der Hering«, sagt sie. Und:

»Die werden nicht mehr so viel verlangt, lohnt sich für uns kaum noch. Die Jungen mögen lieber Sushi.«

Adieu Hering Hausfrauenart.

7

Eine Lesung auf einer Insel im Norden Deutschlands. Mit dem Buch, das ich kurz vor meinem 65. Geburtstag geschrieben habe. Mit jenen Fragen, die mich damals umgetrieben haben, als ich noch glaubte, das Alter, wenn man es schon nicht auszutricksen vermochte, so doch zumindest auf Distanz halten zu können.

Dass mit Mitte sechzig nicht mehr viel kommen würde, dass ein Leben dann wohl ausgelebt sei, das habe ich damals für die nahe Zukunft gehalten. Das würde mir passieren, genauso. Während ich jetzt in dem großen Saal oben auf der Bühne laut lese, merke ich, welche Ruhe mittlerweile in meinem Inneren eingekehrt ist. Dass es anders klingt, wenn ich in mich hineinhöre. Dass ich nicht auf irgendetwas warte, sondern lebe. In der Gegenwart, Tag für Tag, und wenn es ganz gut läuft, auch hin und wieder mal jeden Augenblick, manchmal genau JETZT.

Am Ende der Lesung Fragen aus dem Publikum. Freundliche, wohlmeinende, zweifelnde.

Es meldet sich ein älterer Herr. Das Wort ›Mann‹ kommt mir gar nicht erst in den Sinn. Er sieht nach Herr aus, lässige Eleganz, die Krawatte passt zum Einstecktuch, er hat ein interessantes, gut geschnittenes Gesicht.

Schon auch ein wenig Gutsherrenart, aber das stört mich nicht weiter. Ich finde ihn gut. Gehe, ohne weiter darüber nachzudenken, davon aus, dass er das auch tut. Sich gut finden. Und mich ebenfalls. Tut er aber nicht.

Kommt jedenfalls nicht so bei mir an. Was das denn für ein Gelaber sein soll, fragt er in den Saal. Seine Stimme überrascht mich erst mal mehr als das, was sie sagt. Als hätte sie sich die falsche Hülle ausgesucht. Einen Kleinwüchsigen angeflirtet, bevor sie hinterrücks von einem Hünen verschluckt wurde.

Wohltönend, sonor, dann hätte sie perfekt in mein Klischee von seinem Gesamtbild gepasst.

Stattdessen kippt das Bild. In meinem Alter noch zu erwarten, dass was geht, was Neues kommt?, knarzt er mich an.

»Sie machen doch keine Karriere mehr. Das ist für Sie auch vorbei.«

Es fühlt sich an wie eine schallende Ohrfeige.

Ist es eine? Überschätze ich mich? Ist es vorbei, wenn andere beschließen, es sei vorbei?

In einem Biergarten treffe ich einen Kollegen, er fragt mich unverblümt, wann ich denn Schluss machen wolle. Warum ich immer noch arbeitete, aus dem Alter sei ich doch schon lange raus.

Heiter gibt er sich, er ist fünfundsechzig und gerade wort- und bildreich aus seiner ehemaligen Sendung verabschiedet worden. Nicht ganz freiwillig, aber darüber spricht er nicht. Als sei Rückzug die einzige Richtung, in die man fliehen kann, wenn man beiseitegeschoben wird.

Jetzt habe er endlich ein Privatleben, versichert er mir beschwingt, es gäbe so viele Sachen, die er noch machen wolle.

Das hat er auch in einem Zeitungsinterview gesagt.

Ich habe ihm kein Wort geglaubt. Vielleicht auch, weil ich weiß, dass es der Standardsatz ist, den zukünftige öffentlich-rechtliche Pensionäre hinter der Ziellinie in die Mikrofone stammeln: Ich habe noch so viel vor, endlich habe ich Zeit für Privates.

Die hatte ich schon, als ich dreiundzwanzig war und nehme sie mir immer noch. Endlich das zu tun, was ich schon immer wollte, ist nicht mein Wunsch. Das brauche ich mir nicht zu wünschen, das mache ich einfach.

Die Sehnsucht der anderen ist mir fremd.

Vom ZDF kommt das Angebot, Mitglied des *Literarischen Quartetts* zu werden.

Ich bin überrascht, freue mich und sage zu.

Jetzt würde ich zu gern das Gesicht des Gutsherren von der Insel sehen.

—

Nach zwanzig Jahren ist Schluss mit *Zimmer frei*, die Sendung wird aus dem Programm gestrichen. In den Monaten vor der letzten Show merke ich, wie mich der Gedanke an den bevorstehenden Abschied bedrückt. Ein Abschied, der sich groß anfühlt, weil ich zwanzig Jahre loslassen muss.

Die Idee reift, über diesen Abschied etwas zu schreiben. Über die anderen Trennungen, die sich daneben eher mickrig ausmachen, vielleicht auch. Ich habe viele Enden erlebt, wann ist mir ein Aufhören wirklich gut gelungen?

Wenn der Tod den Zeitpunkt des Aufhörens bestimmt, wird das akzeptiert. In allen anderen Lebenslagen verbindet sich mit dem Wort »aufhören« ein schwer zu bestimmender Makel, eine unausgesprochene Schmach.

Gilt Aufhören insgeheim als Scheitern? Wer aufhört, hat es nicht geschafft? Will sich diese Niederlage im schlimmsten Fall nicht einmal eingestehen?

Die ersten Ideen für die letzte *Zimmer-frei*-Sendung entstehen, Spiele, Bilderrätsel, Musik. Das WDR Funkhausorchester soll auftreten.

Ich wage mich weit vor und rege an, sie sollten am besten den Klassiker *Pomp and Circumstance* spielen, mit dem in Großbritannien das königliche Personal geehrt wird. Passt ja.

Ich schlage das vor, wohlwissend, dass schon die ersten Klänge einen Tränen-Tsunami bei mir auslösen werden. Dazu muss ich nicht mal in festlicher Stimmung sein. Das geht auch im Supermarkt, wenn die Melodie in der Werbung als Fanfare für eine neue Kaffeemarke erklingt.

Warum mache ich das? Warum baue ich mir tollkühn solche Wehmutsfallen in die letzte Sendung ein?

Ich habe keine Ahnung.

Das Konzept der letzten Sendung steht noch nicht mal ansatzweise fest, da verfransen wir uns schon in den ersten Konferenzen in Kleinigkeiten: Wem überreicht der Intendant, der bei der letzten Sendung auch das letzte Wort hat, den ultimativen Blumenstrauß? Der Moderatorin, dem Moderator? Geht es nach Alter, Geschlecht, Musikalität?

Die Diskussion wird vertagt.

Allmählich scheint es ernst zu werden, was ich daran merke, dass ich mich zum ersten Mal frage: Was ziehe ich an diesem Abend an?

Langes Kleid schließe ich kategorisch aus. Wer breite Schultern hat, sollte den Blick auf die langen Beine lenken, und da die in Netzstrümpfen jetzt auch nicht mehr viel hermachen, kommt eine lange Hose drüber. Hosenanzug.

Langweilig, ist der spontane Gedanke. So sah die alte Westermann schon aus, als sie noch viel jünger war.

Hosenanzug, T-Shirt und Stiefeletten mit flachem Absatz.

Manchmal, in prahlerischen Momenten, glaubte ich schon, die Kanzlerin würde meinen Stil, der keiner war, kopieren.

Mit einer neuen Kostümbildnerin kam mehr Schwung, mehr Mut, mehr Schmuck, mehr das, was ich auch sein konnte, mich aber nie traute. Und jetzt wieder drei Schritte zurück? Ausgeschlossen.

Dass Götz bei dem Wort Abendgarderobe auf dem Zusatz »festliche« besteht, macht die Sache nicht einfacher. Oder vielleicht doch.

Ich will einen Smoking. Nicht irgendeinen.

Ich werde mir zum ersten Mal in meinem Leben etwas maßschneidern lassen. Wurde aber auch langsam Zeit, mit fast neunundsechzig, finde ich. Einen Damen-Smoking.

Überraschend stellt sich ganz scheu ein sehr zartes Gefühl ein. Freude.

Ich beginne mich zu freuen. Auf diesen Moment des Rampenlichts, die vielen Augenblicke der Rührung, die Musik. Ich habe das deutliche Gefühl, ich sollte es genießen. Nicht trauern, sondern innehalten.

Spüren, wie schön es war, wie ich gewachsen bin, mit den Menschen, die ich kennengelernt habe. Mit jenen, die ich gut leiden konnte, und auch jenen, die mich genervt haben.

Dankbarkeit kommt mir in den Sinn. Was ich für ein Glück habe, meinen Beruf so zu leben und zu lieben.

Arbeit ist nicht mal das adäquate Wort dafür.

Der Vater von Götz Alsmann, liebenswürdig, bodenständig, lebensklug, geradeaus und stolz wie Bolle auf seinen berühmten Sohn, hat es perfekt in einen Satz gepackt: »So wie ihr arbeitet, machen andere Leute Urlaub.« Was für ein Glück, so hat er es später präzisiert, einen Beruf zu haben, den man mit Freude macht.

—

Was geht eigentlich in mir vor in diesen Monaten vor der letzten Sendung? Es ist eine Mischung aus Wehmut und Angst vor der Heftigkeit der Emotionen. Aber auch ein Gefühl von Leichtigkeit und neugieriger Freude. Freude worauf? Das kann ich noch nicht genau benennen. Das soll erst noch wachsen, bevor es einen Namen bekommt.

Interessant, dass mir genau das alles in den Sinn kommt, während ich an den kommenden großen Abschied denke.

Gibt es sie vielleicht doch, die leichten Abschiede?

Könnte es sein, dass der Abschied nach zwanzig Jahren *Zimmer frei* so einer ist?

Ich suche im Internet nach einem Maßschneider in Köln, finde jedoch keinen gescheiten. Macht nichts, sind ja noch ein paar Monate bis zum Tag X.

Fehler.

Ich vertage die Suche, bis es fast zu spät ist. Aber das ahne ich jetzt noch nicht.

Ist es gut, wenn man schon lange im Voraus weiß, wann es vorbei ist? Bis zum Finale, zum letzten Blumenstrauß, kann ich nicht denken. Will ich auch nicht. Zur letzten Sendung komme ich einfach nicht, erkläre ich. In einem sehr privaten Moment sagt mir der Redakteur, dass er schon jetzt hin und wieder Albträume hat, weil er mir das tatsächlich zutraut.

Monate später dann, am Mittag der letzten Sendung stehe ich zu Hause, warte auf das Klingeln des Fahrers, der mich ins Studio bringen wird. Ich bin verspätet wie immer, die Lockenwickler baumeln noch in den Haaren, die Schuhe zum Smoking müssen noch in die Tasche, wo sind die Strümpfe, brauche ich einen BH und wenn ja, welchen?

Oder besser warum?

Weil ein BH dem Menschen Haltung verleiht, sagt mein Freund Guido. Und Guido glaube ich fast alles.

Haltung kann nicht schaden in der letzten Sendung. Es klingelt.

Ich drücke den Knopf der Sprechanlage, tue unschuldig, als wisse ich nicht, dass ich schon zu spät dran bin.

»Ja, bitte?«

»Hier ist Ihr Fahrdienst, Ihr Chauffeur«, sagt eine Stimme. Ich lüge etwas von einem kurzen Moment und wundere mich nur für den Bruchteil einer Sekunde, dass der Mann da unten etwas von »Chauffeur« sagt. Sagt er doch sonst auch nicht.

Ich raffe hektisch meinen Kram zusammen, klemme mir den Kleidersack unter den Arm, schnappe mir die Plastiktüte mit Schuhen und so weiter, versuche noch die Handtasche zu schultern, jage – oder zumindest was ich dafür halte – die Treppen hinunter. Kriege die Tür nicht auf, weil ich keine Hand mehr frei habe, sehe beim Umsortieren eine Silhouette hinter der Glasscheibe.

Wieso kommt der Fahrer jetzt bis an die Tür, will ich mich fragen, öffne endlich und ... da steht der Redakteur, in Anzug und Krawatte, begrüßt mich strahlend, selbst ein wenig bewegt ob der gelungenen Überraschung.

Sicher ist sicher. Zur letzten Sendung komme ich jetzt, so viel steht schon mal fest. Mit ihm in der großen Limousine, vorne der tatsächliche Chauffeur.

Ich merke, wie mich das rührt, erinnere mich an Bastian Schweinsteiger, lege den Kopf zurück und gucke in den Himmel des Wageninneren. Aber es hilft mir genau so wenig wie es ihm geholfen hat. Der Abschied beginnt.

Sind es die zwanzig Jahre, die dieses Ende so schwer machen?

Zwanzig Jahre, dabei dachte man doch insgeheim, die Sendung stemmen wir auch noch länger. Wenn nötig mit Rollator. Gut, ich würde das Ding als Erste schieben müssen, Götz Alsmann ist neun Jahre jünger als ich. Irgendwas geht immer, nur aufhören geht nicht. Zumindest nicht der Gedanke daran.

Wir waren bis zum Schluss nichts leid, nicht die Spiele, die Bilderrätsel, nicht mal misslungene Sendungen. *Zimmer frei*, das war die kleine Insel, die vom rauen Klima des Senders nur wenig abbekam, eine Insel der Glückseligen, wo es zwar auch mal krachte, aber das war kurzfristiges Grollen mit anschließendem Gewitter, vergeben, vergessen beim Würstchenessen hinterher.

—

Ich bin kein Neuling in Sachen Abschied, kenne das aus anderen Sendern und Sendungen. In den Jahren zuvor waren Abschiede oft anders, weitaus ruppiger. Vor allem kamen sie mehr als einmal abrupt, völlig überraschend.

Ich habe Sendungen im Radio und im Fernsehen moderiert, jahrelang, ohne große Katastrophen, die Kritik hielt sich im Rahmen, war moderat bis wohlwollend. Nicht viel auszusetzen an der Frau. Unerwartet wechselt eines Tages das Management. Die Folge: Man verschwindet von jetzt auf gleich aus dem Dienstplan. Mit neuem Chef kommt neues Personal. Mag normal sein. Menschlich normal wäre es allerdings, hätte der neue Chef das bisschen Anstand, das persönliche Gespräch zu suchen: Schön, dass Sie da waren, aber jetzt ist es nicht mehr schön, Sie sind raus.

Passiert nur nie so. Chefs haben keine Termine frei, Kollegen ducken sich weg, sind froh, dass es sie nicht erwischt hat.

Man geht ohne Abschiedsumtrunk, weil man

nicht sicher ist, ob überhaupt einer kommt. Und trägt, wenn man so gestrickt ist, wie ich es bin, die Frage nach dem Warum des Rausschmisses erst mal eine Weile wie eine Bürde, einen mittelschweren Rucksack, auf dem steht: nicht gut genug. Denn wäre man gut genug gewesen, würde man weiterhin auf dem Dienstplan stehen, oder?

So logisch, so folgerichtig scheint das allerdings nicht zu sein. Wenn man fragt, stellt man fest, dass das Streichen aus dem Dienstplan in Sendern eine gängige Variante ist. Es gibt noch eine perfidere Stufe der Geringschätzung: Wenn ein Moderator in der Zeitung liest, dass seine Sendung demnächst von einem anderen moderiert wird.

Bei *Zimmer frei* war es anders. Drei Jahre hatten wir Zeit, uns auf den letzten Tag, die letzte Probe, das letzte Bilderrätsel, die letzte Hausmusik vorzubereiten. Mit dem zwanzigjährigen Jubiläum im Frühherbst würde Schluss sein.

Ein Abschied mit Ansage, von vielen Gesprächen begleitet, sorgfältig geplant.

Meine Gefühlspalette reichte von »Zur letzten Sendung komm' ich nicht« zu Beginn dieser drei Jahre bis zu »Ich freue mich wie ein Kind auf Weihnachten« wenige Tage vor der letzten Sendung.

Dass sich meine Einstellung so verändert hat,

dass ich mich so verändern konnte, empfinde ich als großes Geschenk. Ein Geschenk von mir an mich.

In diesen Jahren der Veränderung habe ich mir manchmal bei anderen angeschaut, wie das mit einem guten Abschied gehen könnte. Ein gutes Ende ist eines, bei dem sich kein Abgrund auftut aus Traurigkeit, Wehmut, Orientierungslosigkeit. Stattdessen Dankbarkeit für das, was war, und Freude auf das, was an Neuem kommen kann.

Ein Ende ist auch ein scheuer Anfang? Wovon?

Keine Ahnung, das ist ja das Schöne, dass man es nicht weiß, dass es kein nahtloser Übergang ist, sondern mit unbestimmter Erwartung, dem Schwanken zwischen Zuversicht und Zweifel verbunden ist.

Nur so viel scheint sicher: Als Abschiedsgeschenk bringt das Ende immer einen Anfang mit.

In jenem Sommer, in dem *Zimmer frei* zum letzten Mal ausgestrahlt wurde, hat einer der für mich Großen und Gescheiten im Fernsehgeschäft auch seinen Abschied genommen. Marcel Reif, der Journalist und Fußballreporter, der Meister der ironischen Formulierungen, der Wächter über die deutsche Sprache. Er war ihr Liebhaber, sie hat ihn durchaus zurückgeliebt.

Fast anderthalbtausend Fußballspiele hat er kommentiert. Im ZDF, bei RTL, lange Jahre bei Sky. Schiefe Sprachbilder, platte Wortspiele hat er anderen nur schwer verziehen, sich selbst ganz selten.

Marcel Reif hatte einen großen Namen. Und eine große Klappe. Eine eigene Meinung, die er sehr klar und manchmal eine Idee hochnäsig formulierte, was viele Fußballanhänger ihm übel nahmen. Auch wenn sie ihm ob seiner bestechenden, sehr persönlichen Kommentare zähneknirschend Respekt zollen mussten:

»Unter den Arschgeigen bist du die Stradivari«, hat ihm einer geschrieben.

Sein Abschiedsspiel war ein ganz Großes:

Finale der Championsleague.

Professionell und diszipliniert hat er es damals kommentiert, keine sicht- oder hörbare Gefühlsregung.

Zum Abschied vier läppisch knappe Worte: »Ach ja, und tschüss.«

»Und dann habe ich sehr tief durchatmen müssen«, schreibt er Monate später. In seinem Buch, in dem er von seinem Leben als Journalist und Reporter erzählt, ist er nah dran an seinen Gefühlen, auch wenn er das am liebsten nicht zugeben würde. Wie schwer ihm das Ende eines Lebensabschnitts fällt, warum er der Wehmut, dem Druck der Tränen am Ende doch nicht standhielt, hat er erst viel später, beim Schreiben des Buches, in Worte fassen können:

»Mein letztes Spiel. Ich bin danach mit
meiner Familie ins Papermoon gegangen.
Wie immer in Mailand. Die Mamma an der
Kasse, die Margherita auf dem Tisch, klein
geschnitten. Der Kellner kommt: ›Wie war
das Spiel?‹
Meine Familie hat sich gewünscht, dass ich
anfange zu heulen. Oder dass alle heulen.
Und dann hebt einer das Glas und sagt:
›Auf dich, Papa!‹
Was willst du da machen?«

Er hat das große Abschiedsgefühl erst öffentlich zugelassen, als es vorbei war, die Kameras ausgeschaltet waren.

Ich war mir nicht sicher, ob ich das auch schaffen würde. Das Weinen bei der letzten Sendung so lange zu verschieben, bis tatsächlich alles vorbei war.

Ich war mir nicht sicher?

Ich war mir sehr sicher, dass es nicht funktionieren würde. Am liebsten hätte ich ein bisschen vorgeweint, um sicherzustellen, dass dann in den letzten Minuten der letzten Sendung alles trocken bleiben würde.

Es war nicht die große Traurigkeit, vor der ich mich gefürchtet habe. Es war die sichere Gewissheit, dass der Tag der letzten Sendung sich zu vielen kleinen letzten Malen addieren würde. Ein letztes Mal würde Götz mich fragen, wenn wir während der technischen Proben im Studio warten mussten: »Süße, was willst du hören?« Er kannte die Antwort auf diese Frage seit zwanzig Jahren, aber sie war nicht das, was zählte. Wichtig war das Ritual: Erst würde er fragen, um dann ans Klavier zu gehen und Songs von Cole Porter zu spielen.

Ein letztes Mal unser gemeinsames Ritual: Wenige Minuten vor der Sendung hinten in der Dekoration mit einem hochgezapften Kölsch anzustoßen. Wobei Götz Wert auf die Formulierung legte, er interessiere sich mehr für Bier als für Kölsch. Sein Pils trank er stets aus einem Kölschglas, zwanzig Jahre lang.

Nicht die letzte Sendung war die schwerste. Es war die vorletzte. Ein beachtlicher emotionaler Tsunami hat mich völlig überraschend umgehauen.

Der Fotograf, der sonst am Ende einer Sendung Fotos machte, war an diesem Tag schon am Nachmittag zu den Proben da. Mit dem Angebot an die Kollegen, Fotos zu machen.

Es geschieht etwas für mich völlig Unerwartetes.

Etwas, womit ich zu keiner Sekunde gerechnet habe: Fünfzig Menschen, so viele sind es mindestens, die vor und hinter den Kulissen für eine Sendung wie *Zimmer frei* arbeiten, stehen Schlange, um ein persönliches letztes Foto mit Götz und Christine zu bekommen. Dabei haben alle zwanzig Jahre lang ständig alles fotografiert, bevorzugt in den Proben, wenn wir lustige Hüte aufhatten oder nach einem Spiel mit Schmierseife besonders ramponiert aussahen. Aber diese normalen Schnappschüsse, sie waren Geschichte. Zum Ende der Geschichte gehörte jetzt der sehr persönliche Abschied von den beiden Moderatoren. Ein Dreierfoto unter dem großen Ventilator, dafür standen sie Schlange. Ich war dermaßen gerührt und berührt von so viel offensichtlicher Zuneigung, dass ich die Tränen nicht mehr zurückhalten konnte.

Die Bilder wurden später in das interne Netz des Senders gestellt, wo sich jeder sein Alsmann-Westermann Foto herunterladen konnte. Schöne Idee eigentlich. Nur sieht man auf den Bildern eine Christine Westermann, die innerlich wie äußerlich ziemlich aufgelöst wirkt. Auf dem tränennassen Gesicht ist nicht mal mehr ein Hauch von Schminke zu erkennen, was den Chef der Fotoabteilung in unerwartete Bedrängnis brachte. Sie haben ja das eine oder andere Tränchen verdrückt, umschrieb er wohlmeinend die Situation, als er mich um die Freigabe der Bilder bat. Ich habe nicht das eine oder andere Tränchen verdrückt. Ich habe geheult, als ob es kein Morgen gäbe. Wenn ich die Bilder heute sehe, würde ich nicht unbedingt ein Autogrammfoto daraus machen wollen. Aber was ich sehe, vielleicht auch weil ich sie noch immer spüre, ist meine ungläubige Freude über das sichtbare Zeichen der Wertschätzung von jenen fünfzig Warteschlangen-Kollegen. Ich war mit meinen Tränen nicht allein.

Götz Alsmann wurde allerdings die Gnade beschlagener Brillengläser zuteil. Als es auch bei ihm kein Halten mehr gab, ist er rechtzeitig hinter den großen Ventilator verschwunden.

Beim letzten Mal, bei diesem großen Abschied ist alles erlaubt. Alles geht. Es hat was von Karneval, die Leute werfen Luftschlangen, lärmen mit Trillerpfeifen, trampeln mit den Füßen. Eine Kleiderordnung gibt es nicht. Anzug und Abendkleid, Trainingsanzug oder kurze Hosen, wonach man sich eben fühlt. Die Feingemachten werden allerdings sofort als Auswärtige eingeordnet, die sich ihren Platz schon Monate im Voraus durch ein Reisebüro haben buchen lassen.

Der letzte Abend ist ein sehr spezieller, die Royal Albert Hall in London ist mit fast zehntausend Menschen brechend voll.

Seit vielen Jahren schon gibt es in London im Sommer die Promenadenkonzerte. Von Juli bis September mehr als siebzig Aufführungen in der Hall, über Lautsprecher werden sie draußen auf die Promenade und in den Hydepark übertragen.

Höhepunkt, der letzte Abend, »last night of the proms«, alle wollen das Abschiedskonzert hören. Und sehen. Die BBC überträgt seit vielen Jahren live aus der Royal Albert Hall in alle Welt, im Hyde Park gibt es eine Riesenleinwand, im Rest des britischen Empires feiern die Menschen mit, in Glasgow, Belfast, Cardiff.

Hunderttausende jubeln und schwenken in Vorfreude ihre Fähnchen, wenn das absolute Highlight des Abends angekündigt wird: *Pomp and Circumstance,* jener berühmte Konzertmarsch von Edward Elgar, mit dem spektakulären *land of hope and glory* im Mittelteil.

Edward Elgar, sie nennen ihn auch den britischen Johann Sebastian Bach. Zu seinen Lebzeiten hat er wie ein Besessener komponiert, selbst für seine beiden Hunde hat er ein Stück geschrieben. Das hat es allerdings nicht auf die Hitliste der unsterblichen Klassiker geschafft. Da steht unangefochten seit fast hundert Jahren *Pomp and Circumstance.*

Die Engländer lieben dieses Stück, vielleicht

auch weil der Text an die glorreichen Zeiten des Königreichs erinnert. Zu den Klängen von *Pomp and Circumstance* wurde 1902 der englische König Edward der VII. gekrönt. Auch wenn das schon eine gefühlte Ewigkeit zurückliegt, ist die Sehnsucht nach Pracht und Glorie ungebrochen: In einer Umfrage hat im letzten Jahr eine Mehrheit der britischen Zeitungsleser dafür votiert, die englische Nationalhymne durch den berühmten Marsch von Edward Elgar zu ersetzen.

Hat nicht geklappt, aber inoffiziell ist das Stück weltweit der Renner. Ja, die Melodie ist abgenudelt wie keine zweite, wird in der englischen Fußballliga selbst bei mittelmäßigen Zweitligaspielen laut gesungen, ist in den USA musikalischer Höhepunkt jeder Graduationsfeier.

Und ja, man kann sie durchaus als kitschig empfinden. Hört man stattdessen mal in sich rein und vergisst, dass man sich gegen Rührung jeglicher Art wappnen wollte, ist diese Musik einfach nur großartig.

Die Melodie, hat ein Musikkritiker geschrieben, schafft es, triumphal zu klingen, aber es schwingt auch Wehmut mit. Eine Musik, die perfekt den Beginn eines neuen Lebensabschnitts und das Ende eines anderen markiert.

Höhepunkt und Abschluss: idealer Schlussakkord für die letzte Sendung von *Zimmer frei*.

Wenn ganz am Ende, fünf Minuten vor Schluss, das Funkhausorchester im Studio noch mal groß aufspielt, wenn all jene, die in zwanzig Jahren für diese Sendung gearbeitet haben, wenn Kameraleute, Ton- und Lichttechniker, wenn Regisseure und ihre Assistenten, Aufnahmeleiter, Masken- und Kostümbildner, Requisiteure und Szenenbildner, Autoren und Redakteure aus den Kulissen vom Dunklen ins Helle treten, dann bitte möge diese Musik von Elgar erklingen, das Beste ist gerade gut genug.

Götz war es ein bisschen viel Tschingderassabumm, bei einer der letzten Planungskonferenzen hat er meinem Vorschlag schließlich doch noch zugestimmt, mit halbem Herzen zwar, aber immerhin. Auch er wusste um die emotionale Wucht von *Pomp and Circumstance* mit »land of hope and glory«.

Die Entscheidung war also gefallen. Und ich hatte mich damit in ziemliche Schwierigkeiten gebracht. Um es mal übertrieben zu formulieren, ich könnte jetzt, während ich dies schreibe, viele Monate nach dem Ende von *Zimmer frei,* gleich mit dem Weinen anfangen.

Weil ich beim Hören von »land of hope and glory« eine leichte Gänsehaut im Nacken bekomme.

Wäre ich esoterisch veranlagt, glaubte ich an

Seelenwanderung, könnte ich vermuten, diese Melodie habe in einem früheren Leben schon mal eine Bedeutung für mich gehabt, vielleicht war ich eine Geliebte von Edward dem siebten, er ließ in dieser Hinsicht nichts anbrennen.

Vielleicht stand ich während der Krönungsmesse in seiner Nähe, irgendwie scheint die Musik jedenfalls einen Abdruck auf meiner Seele hinterlassen zu haben.

Warum um Himmels willen wünsche ich mir ausgerechnet dieses Stück zum Abschied, wohlwissend, dass es für mich kein Halten geben wird?

Ich habe keine Antwort auf diese Frage, damals nicht und heute auch nicht.

Außer stillem Trotz: Dann ist es so. Gehe ich eben mit Pomp und Getöse unter. Punkt.

Ganz so lemmingmäßig will ich mich allerdings doch nicht in den Gefühlsabgrund stürzen. Ich wünsche mir ein Minimum an Kontrolle.

Am Morgen der letzten Sendung setze ich mich vor meinen Rechner, rufe bei Youtube »last night of the proms« auf. Ich drehe die Lautstärke auf Anschlag und keine Überraschung: »Land of hope and glory« ist das, was man im Englischen einen »tear jerker« nennt. Tränen beinahe wie auf Knopfdruck.

Bei der fünften Wiederholung gelingt es mir, einen tränenverschleierten Blick auf den Bildschirm vor mir zu richten.

Fast zehntausend Menschen in der Royal Albert Hall sind erkennbar gut drauf, singen, klatschen mit, erwischen scheinbar mühelos die Töne, den Rhythmus. Vorne, in den ersten Reihen knicken sie immer wieder ein, das merkwürdige Knicksen scheint sich nicht am Takt zu orientieren, es folgt einem eigenen, rätselhaften Timing. Am Dirigenten und seinem Pult hängen bunte Luftschlangen, es regnet Konfetti, die Bläsergruppe trägt Stoffaffen auf den Schultern, der Musiker an der dicken Trommel hat eine Nelke hinterm Ohr statt am Revers, viele im Publikum haben sich in große Union Jacks gewickelt, andere tragen Micky-Maus-Ohren und goldene Pappkrönchen, »God save the Queen«.

Immer wieder Zwischenschnitte in den Hydepark, wo vierzigtausend mit den zehntausend in der Halle dieses Lied singen. Die Menschen feiern einen Abschied, klein könnte man ihn nennen, banal. Das Ende der Promenadenkonzerte, das Ende des Sommers, vielleicht der Abschied von schönen Erinnerungen, sie singen mit Inbrunst, mit ein bisschen Wehmut, aber das Grundgefühl ist eindeutig Freude.

Genauso habe ich mich damals gefühlt und heute erst recht.

Zwanzig Jahre *Zimmer frei,* siebenhundert-irgendwas Sendungen, es war schön, aber es ist auch gut, dass es zu Ende geht.

Götz Alsmann ist nicht nur genialer Musiker, Entertainer und eine ungemein begabte Rampensau, er kann auch leise, findet feine Formulierungen, wenn es darauf ankommt.

Auf die häufig gestellte Interview-Frage, warum denn schon Schluss sei nach zwanzig Jahren, ob wir zum Aufhören genötigt wurden oder es freiwillig getan haben, hat er geantwortet: Besser nach zwanzig Jahren wie ein König abtreten als später irgendwann wie ein räudiger Köter vom Hof gejagt zu werden.

Wir haben auch für den Tag der letzten Sendung keine Absprachen getroffen, es würde ein Freiflug werden wie immer, wenn es um unser Zusammenspiel ging.

Am Ende, ganz am Ende, nach dem englischen Tränenmarsch, den Blumen, dem Applaus, den Standing Ovations, würde Götz singen. Ein Lied für das Team und ein bisschen auch für mich. Das große Funkhausorchester würde nicht nötig sein, Götz Alsmann und seine Ukulele, das war Markenzeichen genug.

Ich tippte damals auf eine Melodie von Cole Porter, aber ich sollte mich irren.

Meine akustische Abhärtungskur am Morgen der letzten Sendung zeigte Wirkung.

Nach einem Dutzend Mal von »land of hope and glory« ist die Gänsehaut noch da, aber ich kann hören ohne zu heulen.

Um ganz sicherzugehen, dass ich mich nicht in mir täusche, stehe ich auf. Stehe in meinem Arbeitszimmer vor dem Schreibtisch, der als Publikum herhalten muss, die Filzpantoffeln gehen in meiner Fantasie als Pumps durch, und ich übe ihn, den großen Abschied an diesem großen Abend.

Pomp and circumstance scheppert in voller Lautstärke aus den Boxen, ich mache Pläne, wo ich meine Hände hintue, merke, dass sie beständig zu kneten vielleicht nicht die optimale Lösung ist. Stelle fest, dass es besser ist, die Augen zu schließen, während die Musik läuft. So sind sie nämlich sofort da, die fröhlichen britischen Menschen mit ihren Pappkronen und ihrem Geknickse, mit ihrem mächtigen Gesang und ihren Fähnchen.

Ich möchte eine von ihnen sein, unbeschwert Abschied feiern, fröhlich.

Und hier in meinem Arbeitszimmer, neun Stunden vor diesen letzten Minuten fühlt es sich schon sehr danach an. Leicht und beinahe unbeschwert.

Ich verkleide mich, sobald ich im Fernsehen auftrete. Schlüpfe in eine Klamotte, die mich zur Fernsehfrau macht. Ruft bei mir eine vage Erinnerung an Kindertage hervor, als man am Sonntag oder für besondere Gelegenheiten etwas Gutes anziehen musste. Das war zwangsläufig etwas, in dem man sich nicht ganz so ungezwungen bewegen konnte. Der neue Stoff oder die neue Strumpfhose kratzten, natürlich an Stellen, die unerreichbar waren. Die Häkchen am Kleid öffneten sich wie von Geisterhand, die Lackschuhe drückten, und man durfte damit nicht zum Spielen raus. Drinnen auf dem glatten Parkett lief man beständig Gefahr, sich der Länge nach hinzulegen. Ich war nicht mehr die Christine, die auf dem Spielplatz in Lederhosen rumturnte. Ich war in die Rolle eines feinen kleinen Mädchens geschlüpft, die nicht wirklich zu mir passte.

Dieses Was-Gutes-Anziehen habe ich nahtlos fürs Fernsehen übernommen. Habe immer strikt getrennt zwischen jenen Klamotten, die ich vor der Kamera und jenen, die ich privat trage. Den Unterschied habe ich stets deutlich gespürt. Das eine war feingemacht und das andere, das war ich. Es gibt beim Fernsehen den segensreichen Beruf der Kostümbildner, modisch versierte und talentierte Menschen, die wissen, welche Formen, Farben, Muster vor der Kamera etwas taugen und welche nicht. Gemeinsam sucht man das Passende heraus. Passend hieß für mich, nicht ganz so lässig, wie wenn man sich mit Freunden zum Abendessen verabredet. Wenn ich mit der Kostümbildnerin die Garderobe für die Sendungswoche zusammenstellte, gab es sieben offizielle Outfits und zwei Notoutfits. Wohlfühlklamotten für schlechte Tage. Hosen, Kleider, Blusen, Schuhe, die ich auch im Privatleben trug. Wann er schlecht war, der Tag, durfte ich allein entscheiden.

Bis heute bin ich der Überzeugung, dass ich an diesen vermeintlich schlechten Tagen die besten Sendungen gemacht habe. Ich war Christine Westermann pur. Und nicht eine, die mit ungewohnten Bügelfalten in der Hose und einer auffälligen Kette, versucht hatte, eine andere aus sich zu machen, eine Fernsehfrau.

Bei Fernsehfrauen ist die Garderobe immer ein Thema. Von den Zuschauern diskutiert und oft heftig kritisiert. Vor allem von älteren Männern kamen viele gut gemeinte Garderoben-Tipps. Warum tragen Sie denn so selten Kleider, die machen Sie doch viel fraulicher, habe ich in Zuschauerbriefen oft gelesen. Ich bin mir nicht sicher, welche Attribute sie mit dem Begriff fraulich verbunden haben. Ich kann nur sagen, dass ich mich nie unweiblich gefühlt habe, aber oft verkleidet, wenn ich Kleider getragen habe.

Bei Männern ist Fernsehgarderobe nur selten ein Zuschauerthema. Bei einem Mann wie Götz Alsmann ohnehin nicht. Um seine mit großer Selbstverständlichkeit zur Schau getragene Eleganz habe ich ihn beneidet. Anzüge und Hemden trug er wie eine zweite Haut. Das war kein beschwerlicher Akt, für ihn war es ein Vergnügen.

Bei Alsmanns zu Hause, das hat er oft erzählt, gab es einen Sonntagsstaat. Wenn der Vater einen Anzug anzog, die Krawatte umband und die Taschenuhr aufzog, dann stellte er etwas Besonderes dar. So wollte der kleine Götz später auch mal sein. Hat geklappt.

Götz hat den Sonntagsstaat zu seiner Alltagskleidung gemacht, ohne Krawatte fühlt er sich nackt.

Eine Weile war es hochmodisch, dass männliche Kollegen ein edles Jackett und darunter ein schwarzes T-Shirt trugen. Das hat ihn empört. Er begreife nicht, sagte er oft, wieso erwachsene Männer im Fernsehen Spaß daran hätten, im Unterhemd aufzutreten.

Ich habe ihn in zwanzig Jahren höchstens drei oder vier Mal in einer Jeans gesehen. Er fremdelte in diesem Outfit, es passte nicht zu ihm, irgendwann hat er es – nach einem sehr ausführlichen Vortrag vor dem gesamten Team über die Entstehung der Nietenhose in den USA als reine Arbeitskleidung – auch drangegeben.

Die Hosen seiner Wahl waren aus feinstem Stoff, hatten stets Bügelfalte. Die selbstverständliche Haltung, nicht zwischen TV-Garderobe und jener fürs richtige Leben zu entscheiden, hat mir imponiert.

Ich habe versucht, es ihm nachzumachen, ohne Erfolg. Stattdessen habe ich experimentiert. Sehr zum Leidwesen von Götz, seinen Unmut hat er manchmal nur halb hinter einer schelmischen Bemerkung verstecken können. Ihm ist offensichtlich nie klar gewesen, wie sehr mich die Frage nach dem Was-ziehe-ich-an? stets umgetrieben hat.

In einem der vielen Interviews, die wir zum Ende von *Zimmer frei* gegeben haben, tauchte auch immer wieder die Frage nach Eigenheiten, nach Marotten der Moderatoren auf. Götz hat es in seiner diplomatisch noblen Art so auf den Punkt gebracht: »Die Frage des Kostüms betrachten wir sehr unterschiedlich. Für Christine ist es sehr wichtig, dass sie ihr persönliches Sichwohlfühlen widerspiegeln kann. Und ich bin ein sehr großer Freund von formeller Kleidung. Wenn es nach mir gegangen wäre, hätte ich die Sendung zwanzig Jahre lang im Smoking moderiert.«

»Ich auch«, hätte ich am liebsten zurückgegeben. Smoking, perfekt, mit einer solch edlen Fernsehuniform wäre ich sofort einverstanden gewesen.

Nie mehr die leidige Frage, mit welchem Leinengehrock man nach einer halben Stunde am Küchentisch noch einigermaßen knitterfrei davonkäme, und welche Bluse man als verkleideter Pinguin bereit wäre zu ruinieren, falls es beim Rutschen über Schmierseife zum Äußersten kommen sollte.

Mit einem Smoking in mehrfacher Ausführung wäre man für alle Zeiten aus dem Schneider.

Ein Smoking, diese Freude wollte ich Götz Alsmann zumindest bei der letzten Sendung machen. Das erste und das letzte Mal sollte die Wahl meines Outfits seine uneingeschränkte Begeisterung finden.

Perfekt müsste das Teil sitzen, und das hieß, sehr individuell auf mich zugeschnitten sein. Maßgeschneidert. Stoff aussuchen, Maß nehmen, zwei, drei Anproben, das Teil sitzt wie angegossen, sich freuen, zahlen, gehen. So weit die Theorie.

Nach mehreren Anläufen hatte ich endlich auch einen Maßschneider in Köln gefunden, Spezialist für Herrenanzüge, nicht für Damenteile. Was sich als minimales, allerdings zeitraubendes Hindernis erweisen sollte.

Der Schneider war erstklassig, meine Maße weniger. Was sich der Mann so gut wie nicht anmerken ließ. Er hatte sich als *Zimmer-frei*-Fan der ersten Stunde geoutet und seinen Urlaub extra für diese Arbeit verschoben.

Es war ihm eine Ehre, ganz am Ende noch ein kleiner Teil des großen Ganzen zu werden.

Sein Laden war edel, die Anprobe fand allerdings oben im Atelier direkt unter dem Dach statt.

Wo ist ein schlechter Sommer, wenn man ihn mal braucht?

Der August prahlte im letzten *Zimmer-frei*-Jahr mit Höchsttemperaturen, bei der Anprobe waren es gefühlte 45 Grad. Vermutlich nicht nur gefühlt, sondern sehr real.

Mir lief der Schweiß, ihm auch, aber aus anderen Gründen. Der Smoking wollte nicht passen. Saß er über der Brust korrekt, bekamen die Schultern eine Beule. Wurde die Beule korrigiert, machte das Revers schlapp. War das gerichtet, kroch eine Falte den Rücken hinauf. Das Schönste an diesem Smoking, befand ich schweißnass im Stillen, war das knallrote Innenfutter. Das würde später, in der Abschiedssendung, als roter Farbklecks ein einziges Mal nur kurz aufblitzen.

Als am Tag vor der Sendung das eine Hosenbein zu lang und das andere als Stoffwelle am Bein nach oben lief, waren Schneider und Kundin bemüht, die maßgeschneiderte Katastrophe professionell herunterzuspielen.

Das kriege ich bis morgen hin, versprach er mir in die Hand, während ich überzeugend versicherte, es würde mir rein gar nichts ausmachen, am Vormittag der Abschiedssendung zur Anprobe noch einmal eben schnell in den Laden zu huschen.

Die Anprobe am Morgen habe ich mir geschenkt, die Garderobieren haben das, was nicht maßgerecht sitzen wollte, mit kleinen Stichen und Sicherheitsnadeln gerichtet.

Der freudig anerkennende Blick von Götz, als er mich in dem Teil schließlich sah, hat jede Mühe gelohnt.

Götz trug einen schwarzen Anzug. Smoking, ließ er seine Kostümbildnerin wissen, fände er für diesen Anlass doch etwas übertrieben.

Woran werde ich mich erinnern, wenn ich in fünf Jahren an diesen Abschiedstag denke? In zehn? Welche Bilder werden präsent sein, welche gänzlich verschwimmen, welche tauchen in falscher Reihenfolge auf, wie früher beim Diakasten. War der dreimal runtergefallen, hat man sich fortan die Mühe gespart, ihn neu zu sortieren. Worüber würde ich lachen können, was war peinlich und was genau richtig? Würde ich heute irgendetwas anders machen?

Schon einmal in meinem Leben habe ich einer Fernsehsendung sehr lange die Treue gehalten. Keine zwanzig Jahre wie bei *Zimmer frei,* aber immerhin achtzehn. Achtzehn Jahre *Aktuelle Stunde,* eine Regionalsendung für Nordrhein-Westfalen, fünfzehn Jahre davon mit Frank Plasberg. Eine Moderatorenehe, deren Scheidung wir in gegenseitigem Einvernehmen beschlossen haben. Ein selbst gewählter, freiwilliger Entschluss. Etwas zu beenden, obwohl es sich noch gut anfühlte, das war ungewöhnlich. Aber die Lust, etwas Neues auszuprobieren, war auf beiden Seiten größer, bis heute empfinde ich das als Glücksfall.

Frank Plasberg, erst nur Kollege aus Radiotagen bei SWF3, später auch Freund und Vertrauter.

Fünfzehn Jahre Doppelmoderation, fünfzehn Jahre journalistische Präzision, aber auch Zuneigung zu den Zuschauern, den Menschen in Nordrhein-Westfalen. Wir waren Moderatoren mit Familienanschluss, standen ständig in ihren Wohnzimmern herum. Bei dem Plasberg und der Westermann, da geht bestimmt auch privat was, war die gängige Meinung.

Wie weit das mit dem Gehen gehen konnte, da war man unterschiedlicher Meinung, aber wenn man sich mal entschieden hatte, bezog man auch Stellung.

»Na, ist der Herr Plasberg denn jetzt nicht eifersüchtig?« war die häufig gestellte Frage beim Einkauf im Supermarkt, als die Kombination Alsmann/Westermann noch ungewohnt, die Erinnerung an die *Aktuelle Stunde* und das Paar Plasberg/Westermann aber noch sehr gegenwärtig schien.

Der neue Partner wurde nach einer Weile bereitwillig übernommen und entsprechend in Beziehung gesetzt.

»Das sag ich der Frau Westermann« wurde Götz Alsmann in einer sauerländischen Konditorei von einer älteren Dame angezischt, als er dort mit seiner Ehefrau nach einer Wanderung zu Kaffee und Kuchen eingekehrt war.

Nach fünfzehn Jahren Sendung sollten Plasberg/Westermann einen furiosen Abschied bekommen. Die Vorbereitungen für die Überraschungssendung liefen streng geheim, es wurde um uns herumgeplant. Wir wussten nur, von 18.50 bis 19.30 Uhr würde es eine *Aktuelle Stunde* geben, mit dem, was aus Nordrhein-Westfalen an Wichtigem zu vermelden war.

Der Rest aber würde ein launiger, ein amüsanter Rückblick werden auf fünfzehn Jahre Moderatorenehe, in der sich das Paar nicht nur geliebt, sondern auch hin und wieder mal ordentlich vor laufender Kamera gezofft hatte. Das alles in kleinen Ausschnitts-Häppchen dargeboten, dazu die schrägsten Versprecher und die katastrophalsten Klamottenfehler. Ein Wettbewerb, bei dem ich in Frank Plasberg einen durchaus ebenbürtigen Konkurrenten hatte.

Ich erinnere mich, dass ich an jenem Morgen der letzten Sendung gegen elf die ersten Meldungen im Radio hörte. Schüsse in einer Erfurter Schule. Menschen verletzt. Eine Stunde später hieß es, es habe Tote gegeben, viel mehr wusste man nicht. Dass in der *Aktuellen Stunde* am Abend nicht der Fokus auf dem Abschied von zwei netten Moderatoren liegen konnte, war zu diesem Zeitpunkt schon klar. Als wir wenig später in der Redaktion eintrafen, war die Faktenlage zwar immer noch unübersichtlich, aber in den Stunden vor der Sendung zeichnete sich allmählich das Ausmaß der Tragödie ab.

Elf Lehrer, eine Referendarin, eine Sekretärin, zwei Schüler und einen Polizisten hatte der Amokläufer getötet, bevor er sich selbst erschoss.

Es war der erste Amoklauf an einer deutschen Schule. Bei einer extrem angespannten und dramatischen Nachrichtenlage arbeiten in einer aktuellen Redaktion die Menschen wie Maschinen. Sie funktionieren, blenden die menschliche Tragödie so gut es geht aus, konzentrieren sich auf ihr Handwerk, auf das, was wichtig für die Sendung, für die Information des Zuschauers ist. Ich hatte eine ähnlich dramatische Situation schon einmal bei der Geiselnahme von Gladbeck erlebt, auch da haben Plasberg und Westermann moderiert, auch da griffen die redaktionellen Rädchen nahezu perfekt ineinander. Dass diese Sendung später mit einem Preis ausgezeichnet wurde, hat alle gefreut, scheint mir damals wie heute aber noch immer ein wenig unangemessen.

Gehört gute Arbeit nicht automatisch zur Jobbeschreibung?

Am Tag des Amoklaufs von Erfurt haben wir eine Spezialsendung gestemmt, an deren Ende wir uns verabschiedet haben. Eigentlich wie immer, aber jetzt war es das letzte Mal. Selten hat die Redewendung »sang- und klanglos« für mich eine bessere Bedeutung gehabt.

Es war ein dramatischer Tag. Hinterher hat man versucht, doch noch eine Abschiedsparty zu feiern. Halbherzig, das haben wir alle gewusst, aber das Catering war bestellt, genau wie die Blumen und der Chefredakteur, der eine schöne Rede zum Schluss halten sollte.

Es war ein Abschied, der sich in meiner Erinnerung nicht nachhaltig festgesetzt hat. Wenn ich an jene letzte Sendung von ein paar Tausend *Aktueller Stunden* denke, drängen sich die Bilder von Erfurt nach vorn, jener Stadt, in der ich geboren wurde.

Wie?

Sie schreibt über Abschiede, wie schwer sie ihr

fallen, wie sie sich vor ihnen fürchtet? Und jetzt das?

Sie gibt vor, sich nicht mehr zu erinnern, nur noch an Kleinigkeiten? An eine Kiste mit Äpfeln, Geschenk des Co-Moderators, weil sie ihn fünfzehn Jahre beharrlich mit Äpfeln wahlweise Apfelkuchen im Moderationszimmer versorgt hatte?

Hat sie vergessen, wie bedrohlich sie manchmal nachts vor dem Einschlafen ihre berufliche Situation empfand? Sie würde als freie Journalistin mit dem Abschied aus der Moderation der *Aktuellen Stunde* ein sehr sicheres Einkommen aufgeben, noch dazu eine Arbeit, die Spaß machte.

Verlässlichkeit gegen Ungewissheit tauschen.

Zimmer frei steckte damals noch in den Kinderschuhen, die Verträge wurden lediglich für ein Jahr gemacht, im Herbst war oft noch nicht klar, ob es im nächsten Jahr weitergehen würde. Was wäre, wenn *Zimmer frei* aus dem Programm gestrichen würde?

Eine Rückkehr zur *Aktuellen Stunde* war ausgeschlossen. Und dann sagt sie heute, dass ihr der Abschied leichtgefallen ist, dass die letzte Sendung kein Problem war?

Ja, in der Rückschau, mit dem Abstand von so vielen Jahren war dieses Ende in der Tat problemlos und aus heutiger Sicht sorgenfrei. Dennoch: Existenzangst, das große Gespenst des sehr persönlichen wirtschaftlichen Untergangs, hat mich fast fünfzig Jahre meines Berufslebens als freie Journalistin begleitet. Ich habe diese Angst nie hinterfragt.

Hätte ich es getan, hätte ich feststellen können, dass dieses Gespenst längst zu einem lächerlichen Nichts geschrumpft war. Aber wir konnten nicht voneinander lassen. Es hat sich bei mir eingeschlichen, an mich drangehängt, ich habe es klaglos mit mir herumgeschleppt.

Die ersten zehn, fünfzehn Berufsjahre, jene Zeit, in der die Chefs wechselten und Dienstpläne ohne meinen Namen auftauchten, haben mich geprägt, sie mögen die Furcht vor dem ungewissen Neuen, das gewiss nichts Gutes bereithält, nur verstärkt haben.

In der Realität war das Gegenteil der Fall. Wann immer ich beruflich gezwungen war oder gezwungen wurde, etwas loszulassen, ist die wie selbstverständlich erwartete Katastrophe ausgeblieben.

Die Gosse, das Schlafen unter der Brücke.

Es kam etwas Neues, und immer, wirklich immer hat es mir gutgetan. Hat es mich herausgefordert, habe ich gelernt, ja, manchmal mühsam, aber wer sagt denn, dass es leicht sein muss? Habe gemerkt, dass viel mehr geht, mit mir, in mir, als ich geglaubt habe.

Als ich gefragt wurde, eine Talksendung im Radio zu übernehmen, sollte es zunächst eine Probemoderation geben. Kann die das überhaupt? Das wollte man besser vorher als live auf dem Sender klären.

Nein, wie denn, war meine mutlose Antwort, während ich mir Kassetten von jenen Moderationsgöttern anhörte, die die Sendung damals schon prägten. So sprachlich fein und einfallsreich zu formulieren, das würde ich nie können. Sollte ich auch nicht. Ich sollte moderieren wie Christine Westermann. Es hat eine Weile gedauert, bis ich das begriffen habe.

Irgendwann habe ich für diese Sendung einen Preis bekommen, den Preis für das beste Radiointerview.

Was die Verantwortlichen nicht daran gehindert hat, mir einige Zeit später verstohlen und natürlich nur gut gemeint nahezulegen, langsam ans Aufhören zu denken.

Am Ende siehe Dienstplan, dachte ich leise, und laut habe ich meinen Abschied aus der Sendung zum Ende des Jahres verkündet.

Vermutlich ist er mir leichtgefallen, weil ich den Zeitpunkt bestimmen konnte. Kein langes Wenn und Aber, sondern: Schluss.

In der letzten Sendung war ich mein eigener Gast, moderiert hat eine andere aus dem Team.

Als die Sendung in ihre letzten Minuten ging,

machte sich Erleichterung breit. Dass es mir ohne Mühe gelungen war, loszulassen. Aufzuhören. Wegzugehen, ohne dem Jahrzehnt Radiotalk eine Träne nachzuweinen. Das hat mich am meisten überrascht.

Wie lange die Sendung zurückliegt? Das Jahr ist nicht mehr wichtig, aber der Monat. Dezember, mein Geburtstagsmonat, mit jenem überraschend leichten Abschied habe ich mir damals selbst ein schönes Geschenk gemacht.

Die Sache mit der Existenzangst, die Furcht als freier Mitarbeiter nicht mehr genug Aufträge zu bekommen und im freien Fall unter einer Brücke zu landen, ist keine typische Westermann-Geschichte. Dazu kenne ich zu viele Kollegen, die sofort nicken, wenn man nur das Wort »Existenzangst« streift.

Jene Angst erinnert mich an einen alten bösen Hund, der einem jahrelang immer mal wieder auflauert, sich knurrend und zähnefletschend zeigt.

Nach all den Jahren wissen sowohl der Hund als auch ich, dass er gar keine Zähne mehr hat und seit geraumer Zeit deutliche Anzeichen einer Beißhemmung zeigt.

Aber er versucht es immer wieder. Nicht mehr so bedrohlich, so direkt. Er kommt auf sehr leisen Pfoten daher, seine Tricks sind raffiniert. Manchmal bekommt er Schützenhilfe von Unbekannten.

»Was machen Sie jetzt, wo man Ihre Sendung abgesetzt hat? Sind Sie überhaupt noch im Fernsehen?«, fragt der Pförtner am Eingang des Senders mitleidig, und ich sehe den imaginären Hund zu seinen Füßen vor Freude mit dem Schwanz wedeln.

Und eine Frau im Supermarkt rammt mir ihren Wagen in die Hacken, um bei der eiskalten Entschuldigung gleich mal nachzuhaken: »Ach, Sie sind es? Wie geht es denn der Rentnerin? Ist jetzt auch nicht leicht für Sie, oder?«

Was dann abläuft, ist ebenso unsouverän wie nicht mehr aufzuhalten: Ich beginne wildfremden Menschen meinen Terminkalender vorzulesen. Nicht wirklich mit dem Ding in der Hand, aus dem Kopf zähle ich Tage, Termine, Abende auf, wann ich wo bin und wie viel es zu tun gibt, und dass ich ja … und auf halber Strecke halte ich inne und verstumme. Aus Scham. Warum will ich dem Pförtner oder der Karambolagefrau umgehend auflisten, wo ich noch überall öffentlich zu sehen und zu hören bin?

Warum lasse ich wildfremde Menschen an meinem Berufsleben teilhaben?

Je mehr ich zu tun habe, desto mehr bin ich?

Noch immer, sehen Sie?

Solange der Terminkalender noch voll ist, solange ist alles gut? Als würde mir allein das Runterrattern von Verpflichtungen schon eine Daseinsberechtigung geben.

Ein ähnlicher Reflex wie bei Pensionären, die meinen, ihren »Ruhestand« vor anderen rechtfertigen zu müssen mit jenem merkwürdigen Satz: »Seit ich Rentner bin, habe ich keine Zeit mehr.« Warum gilt Aufhören insgeheim als Scheitern? Ist Aufhören die eher bittere Variante eines Abschieds?

Das Ende von *Zimmer frei* schien mir im Vorfeld der tiefste, der emotionalste Einschnitt in meinem Berufsleben zu sein.

Am Ende war die letzte Sendung fast spektakulär einfach.

Was habe ich in Erinnerung behalten?

Nicht die große Show, die zwei Stunden mit achtzehn Gästen, oder waren es mehr?

Nicht der Auftritt des Funkhausorchesters, volle Besetzung, an Streichern und Violinen wurde alles aufgeboten, was das Haus zu bieten hatte.

Nicht der Intendant, der den Ablauf mittelschwer ins Wanken brachte, weil er seinen Einsatz versemmelte. Überreichen des Blumenstraußes an die Moderatorin, die einstudierte Geste galt Chor und Orchester als Einsatzzeichen. Erst der robuste Schubser der Kostümbildnerin brachte beim Chef die Erinnerung an den Ablauf wieder zurück.

Ich erinnere mich nicht an die Spiele, nicht an

die tickende Uhr, die langsam die Minuten bis zur letzten runterzählte.

Ich war emotional gut vorbereitet. Daran erinnere ich mich. Aber auch sehr deutlich an mein Misstrauen. Ich war mir nicht sicher, ob ich der Kraft, der Power, der Entschlossenheit, alles zu einem guten Ende zu bringen, auch tatsächlich trauen konnte. Mir trauen konnte.

Ich glaube schon mein ganzes Leben daran, dass ich beschützt und behütet werde. An diesem Kinderglauben halte ich mit Macht auch noch im Alter fest.

Zu Recht. An diesem letzten Tag jedenfalls hat da oben mal wieder jemand eingegriffen.

Die ersten Sekunden bei einer *Zimmer-frei*-Sendung absolvieren wir wie im Schlaf. Die Musik läuft, wir treten hinter dem Ventilator hervor, reichen uns die Hände, Götz sagt mir leise etwas Unanständiges ins Ohr, ich muss lachen, wir beide gehen am Küchentisch vorbei Richtung Publikum, Applaus, hinsetzen. Genauso war es auch für die letzte Sendung geplant.

Ein letztes Mal vor einem applaudierenden Publikum zu stehen, war jener Moment, bei dem innerlich eine Menge Gefühl nach oben zu schwappen drohte.

Würde das Publikum aufstehen und lange klatschen, wäre es um meine Fassung geschehen. Standing Ovations, die konnte ich morgens schlecht vor dem Schreibtisch üben. Dass dieser Anfang vom Ende schwer würde, hat er da oben geahnt, und er hat vorgearbeitet.

Ein Kamerateam hatte bei den Proben, in der Maske, in unseren Garderoben gedreht, hatte für ein Making-of die letzten Stunden des TV-Abschieds dokumentiert. Den ultimativ letzten Auftritt wollten die Kollegen von hinten durch den Ventilator drehen. Ging aber nicht, weil man später in der Sendung eine Kamera hinter dem Ventilator gesehen hätte. Also wurde geschummelt.

Aus dem letzten Mal wurde ein vorletztes.

Wir kamen raus und wie erwartet, das Publikum auf den Stühlen. Oder fast. Minutenlanger Applaus. Bewegend, aber zum Glück für uns nicht der Ernstfall, sondern nur für die Kollegen hinter dem Ventilator.

Die paar Tränen, die bei mir dennoch geflossen waren, hat die Maskenbildnerin hinter der Bühne weggeschminkt.

Jetzt wurde es ernst.

Der letzte Auftritt, die letzte Sendung nach zwanzig Jahren *Zimmer frei*: ein fast unbändiges Gefühl großer Freude, Stolz und Dankbarkeit.

Eine geniale Mischung.

Wenn es die als Tablette gäbe, könnte ich süchtig werden.

Die letzte Sendung habe ich mir bis heute nicht mehr angesehen. Jedenfalls nicht in voller Länge.

Ich kann mich nicht gut angucken. Daran haben auch fast fünfzig Jahre Kamerapräsenz nichts geändert.

Freunden aus Südafrika habe ich später einen Zusammenschnitt mitgebracht. Da musste ich anstandshalber mit einer Hand vor den Augen ab und zu mal hingucken … und habe gesehen, dass ich am Ende doch geweint habe. Ausgerechnet bei den letzten Tönen von »land of hope and glory«.

Man sah sehr deutlich, wie ich die Augen verdrehte.

Als Außenstehender konnte man durchaus befürchten, jetzt kollabiert sie. In meiner Erinnerung war es allerdings Fassungslosigkeit: O nein, das darf nicht wahr sein. Jetzt erwischt mich dieser Edward Elgar doch noch auf den letzten Metern.

Ganz am Ende, als die Parade der *Zimmer-frei*-Mitarbeiter an uns vorbeigezogen war, hat Götz sein Lied gespielt.

Ich hatte mich geirrt.

Nicht Cole Porter, sondern Götz Alsmann selbst hat das Abschiedslied komponiert.

Es war persönlich und bewegend, aber ich habe keine einzige Zeile des Textes behalten.

Was zum einen der Aufregung dieser allerletzten *Zimmer-frei*-Minute geschuldet war.

Zum anderen der Sorge um Götz Alsmann.

Dass er befüchtete, wie er mir vor unserem Auftritt hinter dem Ventilator gestanden hatte, es könne ihn »reißen« bei diesem Abschiedslied. »Reißen«, die herb-männliche Umschreibung von weinen.

Das wäre ihm zu viel gewesen, ein zu sichtbares Eingeständnis von Wehmut. Und Gefühl.

In den letzten Minuten hatte ich also nur Götz im Blick. Götzens Augen, um es präzise zu formulieren. Ich habe sein Knie gedrückt, seit zwanzig Jahren körperliches Zeichen von Beistand, Zustimmung und Zuneigung, telepathisch habe ich versucht, seine Tränen zurückzuhalten.

Ist am Ende auch gelungen. Ihm und mir.

Nein, es war nicht alles perfekt, auch beim letzten Mal nicht. Aber perfekt wäre es nicht *Zimmer frei* gewesen. Dennoch war es am Ende genau richtig.

Auch die Sache mit dem Smoking. Kaum auszudenken, hätte ich bei dieser allerletzten Sendung tatsächlich noch einmal Wohlfühlklamotten getragen.

Es gab einen kleinen Einspieler vor der Sendung. Die Moderatoren fahren in einem Edelschlitten vor, roter Teppich, Dutzende von Fotografen, Fans, die einen Heidenlärm veranstalten.

Sollte eben zum Schluss noch mal ganz großes

Fernsehen sein. Proben konnte man das vorher nicht, wäre aber nicht die schlechteste Idee gewesen.

Ich sitze im Fond des Wagens, Götz an meiner Seite. Als wir um die Ecke biegen und nur noch ein paar Meter von der kreischenden Szenerie entfernt sind, ist mir klar, etwas läuft dramatisch schief. Wir sind derart in die Polster eingebettet, dass man das Gefühl hat, als schleife man sachte mit dem Hinterteil über den Asphalt. Um überhaupt ohne fremde Hilfe aus den Kissen zu kommen, wäre ein Haltegriff an der Wagendecke ganz praktisch gewesen.

Ähnlich einem Krankenhausbett, wo man sich bei Beinbruch auch irgendwie heraushieven muss. Götz ist fein raus, er sitzt auf der den Fotografen abgewandten Seite, kann unbemerkt in Käferart aus dem Fond krabbeln. Dass er auf der weniger exponierten Wagenseite sitzt, ist ein Versehen. Hätte er gewusst, wo die Fotografen stehen, die Gelegenheit, groß ins Bild zu kommen, hätte er sich wohl kaum entgehen lassen.

Ich mache ein paar hilflose Versuche, mich aufzurichten, rutsche aber sofort in die dicken Polster zurück. Die Edelkarosse hält und ich sehe Mike, meinen persönlichen Bodyguard seit vielen Sendungen. Eine monumentale Schrankwand mit menschlichem Antlitz. Mike wird den Wagenschlag aufreißen, mir galant seinen Arm anbieten und mich Richtung roten Teppich führen. Was er noch nicht weiß, er ist Schrankwand und Kran in Personalunion. »Du musst mich hier rausheben, Mike«, raune ich ihm zu, als die Autotür schon reichlich lange offensteht. Seine Muskelmaschinerie setzt sich in Bewegung. Allerdings hat auch er falsch kalkuliert, total unterschätzt, wie weit er sich hinunterbeugen muss. Halb hob er sie, halb sank er hin … ein sehr gnädiger Lieblingsregisseur schneidet später an der richtigen Stelle, ich komme erst wieder ins Bild, als ich auf dem roten Teppich stehe. In meinem nagelneuen Smoking, der am Revers eine große Beule macht und an dessen Hosenbein sich respektable Stoffmassen nach oben schieben.

Dass der Smoking nicht in die Abteilung Wohlfühlklamotten kommen würde, ahnte ich schon bei der ersten Anprobe. Die Altkleidersammlung aber bleibt ihm erspart.

Wenige Wochen vor der letzten Sendung hatte das Haus der Geschichte in Bonn angefragt, ob man ihnen einige Teile der *Zimmer-frei*-Dekoration überlassen wolle. Den Teppich in Form und Anmutung einem Kuhfell ähnlich, das Klo mit dem Herzchen darüber, den Küchentisch, die bunten Stühle, den Ventilator natürlich. Das *Zimmer-frei*-Mobiliar als Museumsstück. Kulissenteile, die in fünfzig oder mehr Jahren im Museum der Zeitgeschichte neben einem Fernsehapparat stehen würden. Der ist gegen Ende dieses Jahrhunderts mit Sicherheit eine kostbare Antiquität. Würde einer fragen, was die Menschen auf diesem Apparat damals gesehen haben, könnte man sagen »*Zimmer frei*«: Zwei Menschen wohnen zusammen und suchen eine Stunde lang einen dritten, der bei ihnen einzieht. Um zu sehen, ob der Neue passt, setzen sie sich an einen Küchentisch, trinken ziemlich viel und haben eine Menge Spaß miteinander.

Und die Museumsbesucher werden sagen: Guck mal, damals haben die Frauen im Fernsehen Smoking getragen.

—

Als ich anfing Fernsehen zu machen … Mit dem Satz kann es so nicht weitergehen. Weil Fernsehen machen nicht wirklich ein schönes Wort ist. Vielmehr eines aus der Reihe »Hoppla, jetzt komm ich«. Ich bin Journalistin und ich trete im Fernsehen auf.

Auch nicht viel besser. Eher noch viel schlechter.

Ich bin Moderatorin, geht erst recht nicht. Ist kein Beruf, sondern ein Nebenerwerb. So wie ein Bauer eben nicht nur einen Stall mit Kühen oder Schweinen hat, sondern sich mit der Herstellung von Erdbeermarmelade aus eigenem Bioanbau noch etwas dazuverdient. Wer sich Moderator nennt, hat im Idealfall vorher das Handwerk des Journalisten gelernt. Sonst kann er höchstens Erdbeermarmelade.

Als die junge Journalistin Christine Westermann mit gerade mal zwanzig Jahren ein Fernsehvolontariat beim ZDF begann, waren Frauen im Fernsehen eher die Ausnahme und wenn, dann allenfalls schmückendes Beiwerk, erotisch-exotische Girlande, die sich um ein Programm rankte, das von Brillen- und Anzugträgern dominiert wurde, die Frauen auch mal großzügig an ihrem Wissen über gescheites Einparken teilhaben ließen.

Ich erinnere mich, welche Aufregung es gab, als die ersten Frauen Nachrichten im Fernsehen lesen durften. Ulrike von Möllendorf, Wiebke Bruhns. Skepsis auf der ganzen Linie, nach dem Motto, verstehen die wirklich, was sie da lesen? Woran ich mich nicht erinnere, wie sie wieder vom Bildschirm verschwanden. Ohne größeres Aufheben, nehme ich an, damals war vierzig noch eine echte Vierzig und nicht das neue Fünfundzwanzig. Vierzig, da gab es kein Vertun, war alt.

Im Fernsehen alt zu werden, faltig, aus dem Anzug platzend vor Wichtigkeit und Übergewicht, das war ausschließlich den Männern vorbehalten. Frauen dagegen waren irgendwann weg, so selbstverständlich wie man einen welken Blumenstrauß entsorgt. Ich erinnere mich an Ulrike von Möllendorf, die damals im ZDF die erste Nachrichtensendung im Abendprogramm moderierte. Ungemein attraktiv und zu allem Überfluss auch noch intelligent, witzig, schlagfertig. Jeder der männlichen Moderatoren bekam neben ihr den Anstrich stiller Erbärmlichkeit. Eine Angstgegnerin, die man irgendwann in die Kulissen abschob. Ist mit Ulrike Möllendorf nach jener Methode geschehen, die sich als ideal bewährt hatte. Nicht lange darüber reden, einfach aus dem Dienstplan streichen. Abschied leicht gemacht. Von denen, die bleiben durften.

Ich wage die Prognose, dass sich das ändern wird, schon geändert hat. Starke Frauen wie Anne Will oder Barbara Schöneberger werden sicher auch noch im Fernsehen zu sehen sein – falls es dieses Medium dann noch gibt – wenn sie siebzig sind. Zumal ja siebzig irgendwann das neue Fünfzig sein wird.

Siebzig wird das neue Fünfzig, die These hat neulich jemand aufgestellt. Und vorsichtshalber hinzugefügt:

Aber tot ist nicht das neue Lebendig.

Ich bin seit fast fünfzig Jahren Journalistin. Es kostet mich Überwindung, das aufzuschreiben. Was daran liegen könnte, dass ich Zahlenangaben das Berufsleben betreffend meist in einem irritierend besserwisserischen, klugscheißenden Zusammenhang gehört habe.

Sah man selbst als junge Frau in frühen Fernsehjahren im Fernsehlicht manchmal so aus, als habe man wochenlang konsequent und mit reichlich Alkohol die Nacht zum Tage gemacht, man also den lichtsetzenden Kameramann scheu darauf hinwies, dass die tiefen Nasenfalten und der Schatten, der sich über das halbe Gesicht zog, nicht unbedingt vorteilhaft aussähen, kam die herrische, Widerspruch in keinem Fall duldende Antwort: »Wissen Sie, ich habe schon bei der DEFA Licht gemacht, da wussten Ihre Eltern noch gar nicht, dass es Sie mal geben könnte.« Ende der Diskussion.

In Klartext übersetzt: Ich mache nie einen Fehler, weil ich schließlich schon so lange dabei bin.

Ich habe ähnlich überhebliche Formulierungen auch schon rausgehauen. Habe meine lange Erfahrung ins Spiel gebracht, mit Sätzen wie »So haben wir das noch nie gemacht«, für die ich mich jetzt, beim bloßen Niederschreiben, noch schäme. Etwas kritisieren und darum bitten, es anders zu machen, ja klar, immer.

Aber ich glaube, zu arroganten verbalen Dämlichkeiten versteigt man sich in der Tat nur, wenn man zwar lange, aber doch noch nicht lange genug in einem Studio, vor einer Kamera gearbeitet hat.

Ich habe mir das abgewöhnt. An die Stelle des aufgebrachten Kopfschüttelns ist Gelassenheit getreten. Ich könnte mich theoretisch darüber ärgern, dass ich als Interviewgast keinen Monitor für ein Vorschaubild bekomme. Heißt, es gibt keinen Monitor, der vor mir steht, auf dem ich mich noch einmal vor der Sendung sehen kann, um ein allerletztes Mal an Pony und Blusenkragen rumzuzupfen.

Geht nicht. Warum nicht?

Weil das Kabel für den Monitor zu kurz ist und ein längeres zu besorgen den Betrieb unnötig aufhalten würde.

Soll ich jetzt als die »große alte Dame des Senders«, wie mich einer im Interview tatsächlich angesprochen hat, einen divamäßigen Tobsuchtsanfall kriegen?

Worüber? Dass der Kragen ein bisschen schlapp in der Blusenecke hängt?

Wenn ich später die Zuschauer langweile mit dem, was ich zu sagen habe, könnte der derangierte Kragen eine Rolle spielen. Sonst nicht.

Und wie würden die ganz alten Hasen es sagen, die aber zu jung sind, um sich auf die DEFA zu berufen?

Ist nur Fernsehen. Und keine Operation am offenen Herzen.

Der Autofahrer auf der Nebenspur gestikuliert wild. Bedeutet mir aufgeregt, das Fenster herunterzulassen. Reifenpanne, Mantel in der Beifahrertür eingeklemmt, ihn vorhin ausgebremst. Was sonst will er von mir, warum wird er so hektisch?

An der Ampel lasse ich die Scheibe runter: Er applaudiert, streckt beide Daumen nach oben.

»Danke«, brüllt er über den Verkehrslärm hinweg, »danke für zwanzig Jahre *Zimmer frei.*«

Das ist die Zauberformel, die ich in den Monaten nach der letzten *Zimmer-frei*-Sendung immer wieder höre.

Leute sprechen mich auf der Straße an, der Metzger gibt mir einen Ring Fleischwurst extra, ich bekomme viele Mails und handgeschriebene Briefe, und es ist dieser eine Satz, der sich beständig wiederfindet: Danke für zwanzig Jahre *Zimmer frei.*

Zuspruch und Lob, die diesem wichtigen Abschied in meinem Leben eine Leichtigkeit geben, die ich nicht erwartet hatte.

Ich bringe Klamotten zur Reinigung, auch einen Gehrock, der zu meinen Lieblingsoutfits bei *Zimmer frei* gehörte.

Als ich die Sachen abhole, gibt mir die Reinigungsfrau einen kleinen Plastikbeutel. Darin ein Bleistiftstummel und zwei knallgelbe Zettel.

Auf dem einen steht WEIN-KÖNIGIN.

Auf dem anderen KLO-BÜRSTE.

In irgendeiner *Zimmer-frei*-Sendung hatte es also wieder eines der von den Moderatoren geliebten Pantomime-Spiele gegeben. Die Begriffe wurden stets aus einem potthässlichen Keramikteil gezogen, »aus unserem gewaltfrei getöpferten Aborigines-Gefäß«, wie Götz es nannte.

Warum ich den Zettel mit der mir zugedachten Pantomime in die Jackentasche gesteckt habe, weiß ich nicht mehr. Und zum Glück habe ich auch vergessen, wie ich die Klobürsten-Pantomime angelegt habe.

Wie viele Erinnerungsstücke an jene zwanzig Jahre werden mir in meinem Leben nach *Zimmer frei* noch begegnen?

Auch wenn etwas aufhört, ist es manchmal noch nicht zu Ende.

8

Mich mit ihm zu verabreden, war immer mit einer leichten Nervosität, einer vagen Aufregung verbunden. Als müsste ich mich seiner Zuneigung versichern, als stünde ich mit ihm erst am Anfang einer großen Liebe. Groß war sie, unsere Liebe, aber sie war vorbei. Unsere Wege hatten sich vor vielen Jahren schon getrennt. Ich bin überraschend abgebogen und habe ihn stehen lassen.

Nicht gerade ein ruhmreiches Kapitel meiner Liebesgeschichten.

Wir haben uns nicht aus den Augen verloren, blieben in der gleichen Stadt, haben uns zwei, drei Mal im Jahr zum Essen getroffen.

Die Choreographie jener Abende blieb in dieser ganzen Zeit die gleiche, wir haben stets die alten Rituale bemüht.

Erst der ungewohnten Scheu voreinander nachspürend, schon ahnend, dass sie irgendwann einer vertrauten Offenheit Platz machen würde.

Wir würden über alte Zeiten reden. Alt, weil wir

jung waren, als wir uns kannten. Als wir so leidenschaftlich ineinander verliebt waren, dass undenkbar schien, wir könnten uns jemals trennen. Wir würden viel Wein trinken und irgendwann käme unweigerlich jene Frage, die er noch immer mit tiefsitzender Ungläubigkeit stellen konnte. So als bedürfe es von meiner Seite nur eines Achselzuckens, einer Handbewegung, um rückgängig zu machen, was dreißig Jahre zuvor geschehen war.

»Baby, warum hast du mich verlassen?«

Gleich danach würde er, fast schon erschrocken, wie überraschend heftig Wehmut in ihm nach oben drängt, forsch nachlegen, durch ironisches Nachhaken der Traurigkeit die Schärfe nehmen: »Baby, wann heiratest du mich?«

Und wieder würde ich, längst verheiratet mit einem anderen Mann, sagen: am 28. Weil jenes vage Datum ohne Monat, ohne Jahr, uns unendlich viel Zeit geben würde.

Wofür wir diese Zeit brauchten? Ich weiß es nicht.

Vielleicht weil wir beide es noch nie gut konnten. Das Abschiednehmen, jenes gnadenlose Loslassen, obwohl wir beide sehr wohl wussten um die Endlichkeit der Dinge, des Lebens, unserer Liebe.

Die Unausweichlichkeit, gehen zu wollen.

Gehen zu lassen.

Viele Jahre später ist er gegangen, ohne dass ich

auch nur den Hauch einer Chance hatte, ihn zurückzuhalten. Sein unerwartet früher Tod brachte eine für mich unumstößlich geglaubte Ordnung ins Wanken: Er würde an meinem Grab stehen. Nicht ich an seinem. Er war jünger als ich, also würde er mich überleben. Die sieben Jahre, die ich ihm voraus war, würden seinem Zeitkonto natürlich noch gutgeschrieben. Wie völlig verdreht, nicht von dieser Welt jene Lebensrechnung war, habe ich erst gemerkt, als sie nicht aufgegangen ist.

Auch das ein Abschied, der einen Anfang markiert? Ist es der Beginn einer neuen Lebensphase, wenn Menschen verlorengehen, von denen man dachte, es gäbe sie noch eine Ewigkeit? Man hatte sie jung getroffen, jetzt würde man mit ihnen erst älter und dann alt werden. Das war der Plan, anders konnte es nicht sein.

Sterben, das war den Alten vorbehalten. Und alt fühlten wir uns mit Ende fünfzig noch nicht. Den Tod hatten wir noch nicht auf dem Kalender, mit dem konnten wir uns später beschäftigen. Dachten wir.

Auf seine Lebensplanung hat seine Krankheit keine Rücksicht genommen. Er ist gestorben, nicht plötzlich, nein, er wusste, dass er keine Chance mehr hatte, die Diagnose ließ keine andere Deutung zu: Er war todkrank.

Heute hat der 28. seine Magie verloren.

Ein Mensch ist nicht mehr da, dem ich nah war, mit dem ich mich verbunden fühlte. Er ist weg. Nicht mal das Wort »verschwunden« gilt noch, mit ihm flackert die schwache Hoffnung auf, es könne doch nicht für immer sein, er könne vielleicht doch noch einmal auftauchen. Und während ich versuche, zu formulieren, was ich nicht wahrhaben will, taucht er auf. In meinen Erinnerungen. Eine Bilderflut, sobald ich an ihn denke. Viel schärfer, lebendiger, als ein Fotoalbum oder Handyfoto ihn je zeigen könnten. Ein Schatz an Erinnerungen.

Wenn ich seinen Namen ins Handy eingebe, erscheint seine Nummer. Ich habe sie noch nicht gelöscht. Warum zögere ich? Fürchte ich, etwas endgültig zu besiegeln?

Hat was von der Zuversicht eines Kinderglaubens. So lange seine Nummer noch im Telefonverzeichnis steht, ist er nicht ganz weg.

Was würde passieren, riefe ich ihn an? Würde er drangehen? Nicht er, der Anrufbeantworter mit seiner Stimme. Ich erinnere mich, wie knapp er ihn immer besprochen hatte. Bitte Nummer hinterlassen, ich rufe zurück, sobald es möglich ist.

Ich könnte seine Stimme noch mal hören. Will ich das?

Und wenn nein, warum nicht?

Ist eine Stimme lebendiger als ein Foto?

Holt sie Erinnerungen zurück, bei denen kein Foto mithalten kann?

Warum traue ich mir nicht zu, das auszuhalten?

Ich habe keine Antwort auf diese Fragen.

Er ist gestorben, ohne dass wir uns noch einmal gesehen haben. Ohne dass ich mich von ihm hätte verabschieden können. Er wollte keine große Trauerfeier. Am Strand auf einer kleinen Insel, seit der Kindheit sein liebster Ferienort, hat sein Bruder seine Asche ins Meer gestreut. Wochen später gab es das, was man Leichenschmaus nennt.

Das leicht Pietätlose in diesem Wort deutet schon an, wie ein Leichenschmaus auszusehen hat. Auf der einen Seite der Tod, der die Seele eines Menschen genommen hat und eine Leiche zurücklässt.

Auf der anderen der Schmaus, der Genuss, mit dem man ins Leben zurückkehrt. Essen, trinken, weinen und lachen. Der unauffällige Übergang zwischen tiefer Trauer und langsam wieder aufkeimender Fröhlichkeit hat mich schon immer fasziniert.

Der Tod meines Vaters war meine größte persönliche Tragödie, aber an den Leichenschmaus nach seiner Beerdigung erinnere ich mich gern.

Ein Freund, ein Neffe und sein Bruder haben fröhliche, lustige Geschichten aus seinem Leben erzählt. Dass ich in das Lachen selbstverständlich mit einstimmen konnte, hat mich damals sehr verstört. Ich habe mich darüber erschrocken, habe mich geschämt.

Als sei es verwerflich, sich dran zu erinnern, dass ein Toter auch gelebt hat. Und dass man selbst noch am Leben ist und es sich gut gehen lässt.

Der Vater einer Freundin hat in seinem Testament die Zahl der belegten Brötchen beim Leichenschmaus festgelegt. Mit der Menge hätte er gut und gerne noch vier weitere Trauerfeiern bestücken können. Es sollte, das war sein Wille, unbedingt genug da sein. Mehr als genug. Keiner sollte mit nur einem belegten Brötchen abgespeist werden. Üppig sollten sie seinen Tod feiern. Ähnlich üppig, wie er sein Leben gelebt hatte.

So stelle ich mir das auch vor.

Meine Pläne für mein Begräbnis, meine Trauerfeier sind weit gediehen. Die Musik ist noch ein unsicherer Faktor, sie wechselt von der Fledermausouvertüre über das Trinklied aus La Traviata bis hin zu Yves Montand und »Les feuilles mortes«, die englische Version von Eric Clapton »Autumn leaves« geht auch. Ein Lied, das mich zu Lebzeiten zu Tränen rührt.

Und hinterher, wenn alle Tränen geweint sind,

soll es fröhlich und ausgelassen bei meinem Leichenschmaus zugehen. Auf gute und schlechte Zeiten, die man gemeinsam erlebt hat, sollen meine Freunde trinken. Und unbedingt darauf, dass sie das Glück haben, noch am Leben zu sein.

In meiner Amerikazeit habe ich ein paar Trauerfeiern erlebt, die so ganz anders waren, als ich sie von zu Hause, aus Europa kannte.

Ich erinnere mich an eine Kirche in San Francisco, in der die Trauergemeinde locker um den Sarg beisammensaß, von alten Zeiten erzählte, die Witwe Häppchen, selbst gebackene Kekse und Limonade verteilte.

Es gab keine feste Ordnung, keine Rituale, die Menschen unterhielten sich quer über die Kirchenbänke miteinander. Wer Lust hatte, etwas über den Verstorbenen zu erzählen, konnte das tun.

Oben auf der Kanzel, wo sonst der Pfarrer nach tröstenden Worten für die Trauergemeinde sucht, stand damals der Sohn des Verstorbenen mit einem Telefon samt Anrufbeantworter und spielte in voller Lautstärke eine Nachricht seines Vaters ab. Der Vater hatte sie hinterlassen, als der Sohn vor Jahren durch eine wichtige Prüfung gerasselt und am Boden zerstört war. Er spendete ihm Trost und erzählte aus seinem eigenen Leben und warum eben nicht immer alles glattlaufen kann.

Das wiederum hatte den Sohn derart beeindruckt, dass er beschloss, jene Nachricht nicht zu löschen. Fast ein Jahrzehnt später hat er sie Freunden und Verwandten auf der Beerdigung seines Vaters vorgespielt. Vielleicht ist mir genau jene Trauerfeier im Gedächtnis geblieben, weil Tod und Leben sich dort so selbstverständlich gekreuzt haben.

Wenn ich die Chance dazu bekomme, möchte ich gern auf meiner eigenen Trauerfeier etwas sagen. Chance heißt, wenn ich bewusst sterben kann. Wenn abzusehen ist, dass mein Leben zu Ende geht. Ich möchte etwas dazu sagen, wie es war, mein Leben zu leben. Wie schwer es vielleicht fällt, loszulassen. Aber wie gut es auch ist, dass ich es sehr bewusst tun kann. Ob ich dazu, wenn es so weit ist, körperlich oder seelisch noch in der Lage sein werde, ich weiß es nicht, ich wünsche es mir. Noch wackelt dieser Plan, er ist vage, noch nicht ganz ausgereift, aber die Idee hat sich festgesetzt.

Was ich bei dieser Abschiedsrede wahrscheinlich weglasse, sind Worte des Dankes. An die liebsten Menschen in meinem Leben, den Ehemann, die Schwestern, die beste Freundin.

Dass Dankesreden ein gefährliches Pflaster sein können, habe ich schon zu Lebzeiten erfahren.

Irgendeinen vergisst man immer. Dass einer bei meiner Trauerfeier wegen Nichterwähnung besonders traurig ist, würde ich ihm und mir gern ersparen.

Jeden Samstag lese ich die Todesanzeigen in der Zeitung. In einer Stadt wie Köln füllen sie locker sechs Seiten.

Auf den ersten Blick ist diese eine wie alle anderen.

Vierundneunzig Jahre ist die Dame geworden, Trägerin des Bundesverdienstkreuzes. Über dem fettgedruckten Namen drei Zeilen: Solange man über mich spricht und an mich denkt, bin ich nicht wirklich tot.

Und dann die Überraschung: Die Verstorbene selbst hat diese Todesanzeige kurz vor ihrem Tod aufgesetzt.

Sie schreibt: »Ich habe am 21. September diese Welt verlassen. Allen, die mich auf meinem Lebensweg ein Stück begleitet haben, einen lieben Dank.

Ich gehe nicht in Trauer, sondern gehe fröhlich, dankbar und ohne Angst. Ich habe ein langes, nicht gerade leichtes Leben gehabt, bin nun aber innerlich ausgeglichen und zufrieden.«

Zitat aus Max Frischs Tagebüchern:

> »Haben Sie schon einmal gemeint, Sie müssten sterben, und was ist Ihnen dabei eingefallen:
> Was Sie hinterlassen?
> Die Weltlage?
> Eine Landschaft?
> Dass alles eitel war?
> Was ohne Sie nie zustande gekommen wäre?
> Die Unordnung in den Schubladen?«

Was ich hinterlassen habe, darum würde ich mich sorgen. Ob es genug ist für jene, die mir wichtig sind. Mich kümmern, mit Geld und guten Worten, das war Lebensaufgabe. Warum sollte das im Moment des Abschieds vom Leben anders sein?

Ja, die Unordnung in den Schubladen würde mich sicher auch beschäftigen. Das Akten- und Papierchaos, Hunderte von nie eingeklebten Fotos, die in großen Kisten im Keller vor sich hin schimmeln, Zeitungsausschnitte, die schon zu Lebzeiten nicht mehr wichtig waren. Welche Rätsel würde ich denen aufgeben, die uralte Bordkarten als Lesezeichen in Büchern finden, Karnevalsorden, die an lange nicht mehr getragenen Jacken hängen, Hausausweise von Sendeanstalten, mit denen man schon lange an keinem Pförtner mehr vorbeikäme.

Nein, über die Weltlage würde ich vermutlich nicht nachdenken, falls ich das Gefühl hätte, sterben zu müssen. Auch nicht, dass alles eitel war.

Wenn es tatsächlich eine Landschaft wäre, die mir als Letztes in den Sinn kommt, wäre das für mich ein gutes Zeichen. Das Meer, das ich liebe und fürchte zugleich? Oder vielleicht ein Baum, Birke oder Kastanie? Ein Olivenhain?

Aber wie wird es wirklich sein?

»Haben Sie schon einmal gemeint, Sie müssten sterben, und was ist Ihnen dabei eingefallen?«

Schon lange begleitet mich der Schriftsteller Max Frisch vor allem mit seinen beiden berühmten Tagebüchern und den darin enthaltenen Fragebögen. Fragen, die er sich und den Lesern zu allen möglichen Themen stellt:

Freundschaft, Liebe, Tod, Heimat, Geld.

Meinen Seelenzustand kann ich ablesen an jenen Stellen, an denen ich hängen bleibe, wenn ich Frischs Fragebögen lese. Seine Fragen stellt er so schmerzhaft präzise, ausweichen ausgeschlossen.

Wie oft haben sich meine Antworten im Laufe der Jahre verändert? Wie oft habe ich mich dabei selbst belogen?

Die schlichte Frage »Lieben Sie jemand?« beantwortet man schwungvoll mit einem überzeugten Ja, um bei der Folgefrage »Woraus schließen

Sie das?« möglicherweise komplett aus der Kurve getragen zu werden.

Ich jedenfalls habe es so erlebt, und auch wenn ich meine Antworten nie aufgeschrieben habe, im Laufe der Jahre habe ich sie je nach Lebens- und Liebesgefühl unterschiedlich beantwortet, so viel ist sicher.

Den Fragen zum Thema Tod stelle ich mich erst jetzt. Den Abschied vom Leben ins Auge zu fassen, auch ganz simpel vorzubereiten, indem man Schubladen ordnet oder Vermögensverhältnisse regelt, das erschien mir bisher Zeitverschwendung zu sein. Zeit hatte ich doch noch mehr als genug.

Aber jetzt, wo mir nach der Maßband-Theorie nur noch vierzehn Jahre bleiben, hat sich das geändert.

Ich kann mich verweigern, die Frisch-Fragen ignorieren, seine Tagebücher ganz hinten ins Regal schieben. Wäre eine Möglichkeit.

Aber aufschieben oder gar warten ist für mich keine Option mehr.

Man muss Menschen nicht schon viele Jahre kennen, um gut Freund mit ihnen zu werden.

Anne aus Amsterdam kenne ich erst sechs Jahre. Ein Weihnachtsfest bei Freunden auf Mallorca, es klickt zwischen uns beinahe sofort beim ersten gemeinsamen Abendessen, Instant-Freundschaft.

Anne ist redselig, wunderbar laut und lärmend, vom frühesten Morgen bis weit nach Mitternacht hellwach, zugewandt, offen und unverblümt, wenn es gilt, etwas zu klären, Missverständnisse auszuräumen.

Sie ist das, was man patent nennen würde, Produzentin bei einem niederländischen Fernsehsender, spricht Englisch und Deutsch, als wäre es ihre Muttersprache.

Nie habe ich Anne in Jogginghosen oder Schlabberklamotten gesehen. Sie ist immer wie aus dem Ei gepellt, schon am zweiten Tag unseres Kennenlernens, dem Vorabend zur großen Weihnachtsparty, hat sie auf ihrem Bett die Kleidervariationen ausgebreitet, zwischen denen sie sich entscheiden will. Sie bittet mich um meine Meinung.

Die Netzstrümpfe gingen auch zu dem beigen Rock mit dem Seidenoberteil, und dazu würden dann auch die Pumps passen, die eigentlich fürs schwarze Kleid mit der extravaganten Kette gedacht waren. Dass ich in Klamottenfragen nur ein kleines Licht bin, hat Anne schnell verstanden. Diese Dessous-Strumpf-Pumps-Kleiderpräsentationen wurden in den Folgejahren zum Ritual, waren aber stets auch liebevoller Nachhilfeunterricht für mich. Auch bei unserem letzten Weihnachtsfest, als sie schon todkrank war. Gegen den Tumor hatte sie erst mit Chemotherapien angekämpft. Als sie die Vergeblichkeit einsehen musste, hat sie ihn sehr selbstverständlich in ihr Leben gelassen. Er war nicht beständiges Thema, aber wenn, dann sprach Anne mit erstaunlicher Offenheit über ihn. Sie hatte gute Ärzte, mit Medikamenten vorgesorgt, sie würde am Ende nicht leiden müssen.

»Es ist alles vorbereitet«, sagte sie.

Sie klammerte sich nicht ans Leben. Sicher, sie hätte gerne noch viele Jahre mit uns Weihnachten gefeiert, aber das ging nun mal nicht mehr. Das hatte irgendeiner da oben anders beschlossen. Sie hat es akzeptiert, sie war bereit, das Leben loszulassen und zu sterben.

Wie würde ich leben, wüsste ich, es würden nur noch ein paar Monate sein?

Stand jetzt: panisch, hektisch, verzweifelt, das Unabänderliche auf keinen Fall akzeptieren wollend, auf Wunder hoffend.

Vielleicht aber spürt man auch Mut, sich einzulassen, alles noch mitzunehmen, was man sich nie getraut hat. Was man aufgeschoben hat, in der irrigen Annahme, dafür sei später noch Zeit.

Man hat nichts mehr zu verlieren, man wird sterben.

Vielleicht erlebt man eine unerwartete Gelassenheit, ein ruhiges Warten auf das Ende des Lebens.

Vielleicht auch das Gefühl, denen, die noch am Leben hängen, etwas vorauszuhaben. Man wird erfahren, wie es ist, zu sterben. Was Tod bedeutet.

»Möchten Sie wissen, wie Sterben ist?«, fragt Max Frisch. »Wenn der Atem aussetzt und der Arzt es bestätigt. Sind Sie sicher, dass man in diesem Augenblick keine Träume mehr hat?«

Was passiert ganz am Ende? Der Journalist Roland Schulz hat für das Magazin der *Süddeutschen Zeitung* über die letzten Tage vor dem Tod geschrieben. Hat Studien gelesen, Aufsätze, Statistiken. Hat Palliativmedizinern, Hospizleitern, Helfern und Pflegern zugehört.

Er hat »Eine Chronik der letzten Tage« verfasst, ebenso verstörend wie klar, ebenso erschreckend wie tröstlich. Eine Wegbeschreibung für die letzten Meter, die man gehen muss, ein Reiseführer vom Leben in den Tod.

Träume im buchstäblich letzten Augenblick? Das Leben noch mal in Cinemascope und Dolby Surround, volltönend und in satten Farben? Der Tod ein Happy End des Lebens?

»Was am Ende passiert«, schreibt der Journalist »ist zugleich Grund für Zuversicht und Zweifel.«

Der Herzschlag setzt aus, die Aktivität des Gehirns erlischt zwanzig bis dreißig Sekunden später. Könnte sein, meinen Forscher, dass der Körper das Gehirn noch einmal mit Botenstoffen überflutet, die Schmerz dämpfen, die Euphorie steigern.

»In einem Experiment«, schreibt Roland Schulz, »hängten Forscher betäubte Ratten an ein EEG-Gerät und stoppten ihre Herzen. In den Sekunden vor ihrem Tod flammten die Gehirnströme der sterbenden Ratten stärker als im Leben auf.

Zweifler sehen darin das letzte Aufbäumen eines sterbenden Gehirns, das verzweifelt versucht, herauszufinden, was ihm widerfährt.

Zuversichtliche sehen darin ein letztes Feuerwerk, das ein sterbendes Gehirn abbrennt, um angemessen aus dem Leben zu gleiten.«

In den Sterbetagen davor, so schildert es Roland Schulz »sehen Menschen ihr Leben in einer Schärfe, die bange macht. Manche erleben es, als betrachteten sie es aus großer Höhe, wie eine Landschaft.«

Was war wichtig? Worauf ist man stolz? Was ist einem nicht gelungen? Was soll in Erinnerung bleiben? Was sollen jene über das Leben verstehen, die man zurücklässt?

In manchen Kliniken, berichtet Roland Schulz, gehört es zu einer letzten Therapie für einen Todkranken, jene Fragen zu beantworten, er bekommt eine Abschrift seiner Antworten. Wenn er will, kann er sie seinen Angehörigen, seinen Freunden hinterlassen.

Was hätte Anne geantwortet? Was war in ihrem Leben noch nicht getan, was hat sie sich noch gewünscht?

Was würde ich antworten?

Ist es überhaupt erlaubt, mich derartig vorzuwagen? Jetzt, wo ich das Gefühl habe, noch mitten im Leben zu stehen? Jetzt ans Ende zu denken und aufzuschreiben, wie die Bilanz ausfallen würde? Wenn ich jetzt ans Sterben denke, komme ich mir vor wie ein Kind, das zu Bett gehen soll, aber unbedingt noch dabeibleiben will. Im Licht, im Hellen. Weil es doch gerade jetzt so schön ist. Weil doch noch so viel kommen könnte. Und wenn es käme, wäre man nicht dabei.

Woher kommt meine Sehnsucht nach Leben? Diese Hoffnung auf Unsterblichkeit?

Anne aus Amsterdam hat nicht gejammert, wenn es in ihrem Leben durch tiefe Täler ging. Wenn sie irgendwann mal wieder auf einem Gipfel stand, hat sie es ausgekostet und gefeiert.

Diese Kraft und Lebenslust hat sie uns am letzten gemeinsamen Weihnachtsfest noch einmal gezeigt.

Im Frühjahr dann der Anruf, Anne habe nur noch ein paar Tage. Wir fahren nach Amsterdam. Stehen im strömenden Regen vor ihrem Haus, müssen warten, Anne ist noch nicht so weit.

Sie will an den letzten Tagen ihres Lebens jene Anne sein, die wir kennen. Die Haare frisch geföhnt, Lippenstift, Rouge, ein feines Seiden-T-Shirt, eine Perlenkette, die dazu passenden Ohrringe. Dass sie todkrank ist, kann man nur an der Medikamentenbatterie neben ihrem Bett erahnen, an ihren Händen, die bleich an der Bettdecke zupfen. Als die Ärzte im Krankenhaus nichts mehr für sie tun konnten, wollte Anne nach Hause, in ihrer Wohnung unterm Dach mit Blick auf die Baumwipfel sterben.

Die Amsterdamer Grachtenhäuser sind schmal wie ein Handtuch, keine Chance für die Sanitäter mit ihrer Krankentrage. Die Feuerwehr rückt an, packt Anne in ein kleines Gumminest, schaukelt sie mit der Drehleiter nach oben, bugsiert sie durchs schmale Fenster.

Wie Moses im Körbchen, erzählt Anne, ihre Lache dröhnt wie immer, denkt man, bis das Lachen in ein erschöpftes Husten übergeht.

Ich weine und Anne strahlt mich an: »Weine ruhig, mein Schatz. Ich muss das nicht. Ich bin nicht traurig. Mein Leben war so schön, ich nehme meine Erinnerungen mit.«

Bevor ich gehe, will ich ihr sagen, dass wir

Weihnachten wie immer feiern werden. Dass sie wie immer mit uns am Tisch sitzen wird.

Wo es ihr am liebsten wäre?

An der schmalen Seite? Oder doch lieber neben den beiden Jungens, unseren gemeinsamen Freunden?

»Ja, gern neben Frankie«, sagt sie, »wie im letzten Jahr. Besser, ich habe die Küche im Blick, damit das Risotto nicht wieder anbrennt.«

Sie überlegt noch einen Moment. »Nein, warte, ich möchte doch lieber am Kopfende sitzen, so sehe ich euch alle am besten.«

Genauso werden wir es machen.

Ein Foto von Anne wird an ihrem Platz stehen.

Wir werden sie am Heiligen Abend in unsere Mitte nehmen. Und dafür sorgen, dass sie erst ein tadelloses Risotto und im Hauptgang Fisch bekommt. Rehbraten war zeitlebens nicht so ihr Ding.

Anne hat es mir bei ihrem Abschied vom Leben leicht gemacht. Und sich selbst auch.

Die Bilder einer sterbenskranken aber gelösten Anne, die mit heiterer Gelassenheit die letzten Stunden ihres Lebens feiert, haben sich in mir festgesetzt. Dort an der Bettkante habe ich mich getraut, sie zu fragen, ob sie Angst hat vor dem, was kommt.

Nein, ich werde keine Schmerzen haben, dafür

habe ich gesorgt. Und was danach kommt? Ich weiß es nicht, ich lasse mich überraschen.

»Können Sie sich ein leichtes Sterben vorstellen?«, fragt Max Frisch. Wenn ich an Anne denke, würde ich die Frage fast mit einem Ja beantworten.

Ob es am Ende tatsächlich leicht war, das weiß ich nicht. Eine Woche nach unserem Besuch kam die Todesnachricht aus Amsterdam.

—

»Damals beim Millowitsch«, erzählt mir der Sargträger, »mussten wir den Friedhof wegen Überfüllung schließen. Am Vormittag war die Beerdigung, aber als wir abends um acht endlich das Grab zumachen wollten, hat keine Schaufel Erde mehr reingepasst.«

So viele Blumen und Gebinde hatten die Menschen auf den Sarg in der Grube geworfen. Da musste erst mal der Baggerführer ran, die ganzen Blumen herausholen, bevor sie den Willy endlich zur letzten Ruhe betten konnten.

Er sei übrigens kein Sargträger, klärt er mich auf, sondern Bestattungsgehilfe. Totengräber hat man früher gesagt, jetzt heißt das offiziell Bestattungsgehilfe.

Wie man das wird?

Eine Arbeitsbeschaffungsmaßnahme, erst war

es nur für ein paar Wochen, aber es hat ihm gefallen, immer an der frischen Luft, nette Kollegen.

»Schwere körperliche Arbeit, so eine Beerdigung«, sagt er. Ein Sarg wiegt, je nachdem wie schwer die Leiche ist, zwischen hundert und hundertfünzig Kilo. Bei Übergewicht droht Ungemach. Manchmal, sagt er, wölbt sich der Sargboden bedenklich nach unten, dann müssen sie sich beeilen, dass der Sarg schnell in die Grube kommt, bevor Schlimmeres passiert. Aber selbst das kommt vor. Mehr will er dazu nicht sagen.

Unangenehm, wenn sich der Sarg beim Einlassen ins Grab verkantet, sie ihn wieder hochziehen und es neu versuchen müssen.

Der GAU natürlich, wenn durch einen falschen Handgriff oder falsche Lage der Leiche, das Gleichgewicht verloren geht, der Sarg kopfüber ins Grab kippt. Da würden die Bestattungsgehilfen vor Scham am liebsten im Erdboden versinken, aber was willste machen.

Vier Gehilfen sind pro Beerdigung eingeteilt. Wenn Mensch und Sarg zu schwer sind und einer der Träger vielleicht auch noch Rücken hat, braucht man zwei Mann mehr. Die muss man vorher bei der Stadtverwaltung bestellen, sechs statt vier kostet extra.

Etwas extra, für den Bestattungsgehilfen, das war früher mal. Als die Bestattungsgehilfen noch Totengräber hießen, war das ein alter Brauch, auch der Henker hat früher immer ein Trinkgeld bekommen.

Dem Mann am Sarg als Danke mal einen Zehner zustecken, das hat die Stadtverwaltung vor einiger Zeit untersagt.

Wegen möglicher Bestechung, sagen die im Amt.

Warum würde ich einen Bestattungsgehilfen zu bestechen suchen? Würde er für zehn Euro den Sarg umsichtiger oder schneller ins Grab lassen, die Kranzschleifen sorgfältiger ordnen, eine Schaufel Erde extra obendrauf geben? Bedenkenträger in Ämtern, die solche Regeln aufstellen, sind vermutlich auch jene, die sich eine Berufsbezeichnung wie Bestattungsgehilfe ausdenken.

Am Tag zwischen fünf und sieben Beerdigungen, wenn es eng wird, geht es im Stundenrhythmus. Gestorben wird immer, aber es sieht so aus, als würde sich der Tod an bestimmte Jahreszeiten halten. Von Dezember bis März ist die Hölle los, im April flaut es allmählich ab. Im Sommer ist nichts los.

Warum? Darüber frotzeln sie: Die Ärzte sind im Urlaub.

Wie will er selbst bestattet werden, der Bestattungsgehilfe? »Gar nicht«, winkt er ab.

»Ist doch kein Leben mehr drin, ich sehe das doch jeden Tag. Mir reicht ein blauer Müllsack und ab damit.«

An der Wand hängt ein Stundenplan, die Namen der Toten stehen darauf und wo ihr Grab sein wird.

15.30 Uhr Fötengrab. Ich mag nicht nachfragen.

Aber er sieht mein Gesicht, zuckt leicht mit den Achseln. Manche sterben eben sehr früh. Ob er sich an die Trauer, die Tränen gewöhnt hat?

»Ja«, sagt er, »das macht mir nichts mehr aus, irgendwann ist es für jeden einmal Zeit, zu gehen. Für den einen früher, den anderen später.«

Bei jedem anderen, der mit solchen Kalendersprüchen hantiert, würde ich die Augen verdrehen, bei ihm kommt der Satz mitten aus seinem Leben. Der Tod gehört dazu, die Trauer nicht. Auf Särge zu schauen, sie hin- und herzukarren, ins Grab zu senken, die Tränen der anderen zu erleben, das ist sein Beruf. Das hakt er ab, abends zu Hause ist er mit seinen Gedanken schon lange woanders.

»Muss«, sagt er.

Ein Kindersarg, den er in die offene Grube absenkt, das nimmt ihn mit. Das kann er nicht so schnell wegstecken. Da beeilt er sich vom Grab wegzukommen. Den Eltern ins Gesicht zu schauen, das schafft er nicht.

Im Aufenthaltsraum der Friedhofsarbeiter gibt es Kaffee, auf dem Tisch steht ein Glas mit Himbeermarmelade, abgepackte Brotscheiben. An den Spinden nahe beim Fenster hängt die Uniform. Dunkelblauer Anzug, hellblaues Hemd, Schirmmütze.

In wenigen Minuten werden sie die paar Meter Richtung Friedhofskapelle gehen, auf ein Zeichen hin die Tür öffnen, gemessenen Schrittes vor den Sarg treten, sich einmal tief verbeugen.

Während die Trauergemeinde zu den Klängen von Whitney Houstons »I will always love you« aufsteht, ziehen die Männer die samtenen Tücher vom Sarg, ein überdimensionierter Leiterwagen kommt zum Vorschein. Zwei gehen vorne an die Deichsel, um zu ziehen, die anderen legen die Kränze auf den Sarg und stellen sich an den Längsseiten auf. Die Verständigung geschieht durch Kopfnicken, die gedämpften Geräusche, die ruhigen, schon lange eingeübten Bewegungen und Handgriffe gehören zum Ritual der letzten Würde, die ein toter Mensch auf dem Weg zu seinem Grab noch erfahren soll.

Sechs Männer sind es diesmal, ich weiß mittlerweile, was das bedeutet.

»Schwadtlappen«, sagt man in Köln, wenn einer sich gern reden hört und kein Ende findet. In diesem Falle ist es ein Pfarrer, der während des Traugottesdienstes von sich selbst beeindruckt vor sich hinplappert.

Auf die Trauergemeinde geht ein Floskelgewitter nieder, Bibellosungen, Kalendersprüche, Segenswünsche in wahlloser Reihenfolge, es hört nicht auf.

Mich beschleicht die dunkle Ahnung, dass man ihn für eine solche Predigt auch nachts um drei wecken kann.

Auf der Stelle würde er schlaftrunken aber textsicher das Hesse-Gedicht von den Lebensstufen abspulen, passt immer, wenn es ums Ende geht.

Für den Bestatter und seine Mitarbeiter ist der Pfarrer mit seiner Redseligkeit eine Katastrophe.

Eine Beerdigung folgt einem genauen Zeitplan, ist durchgetaktet. Alles läuft wie am Schnürchen, Mahagonisarg raus, Eichensarg rein, grüne Dekoration ab, rostrote Samtvorhänge dran, Kranzschleifen richten, die Kränze je nach Familienzugehörigkeit aufstellen.

Der »Danke, Papa«-Kranz muss nach vorn,

»Dein Dich liebendes Pippalein« direkt daneben, die Gestecke mit »Ein letzter Gruß« oder »In stiller Anteilnahme« können weiter nach hinten, in die zweite Reihe.

Der Pastor, der kein Ende findet, hat auch mit dem Anfang Schwierigkeiten. Noch bevor die Trauergemeinde Einlass findet, demonstriert er umständlich, warum ein Talar mit Knöpfen aufwendiger ist als einer mit Reißverschluss.

Als endlich der letzte Segen erteilt, das Vaterunser gesprochen ist, murmelt jemand neben mir »Auf geht's, mach voran«. Es ist die Frau, die dringend Kränze und Blumen für die nächste Beerdigung hereinbringen und aufstellen muss. Im besten Falle hat sie für die Vorbereitung eine Stunde, im schlimmsten, so wie jetzt durch den geschwätzigen Pfarrer, sind es gerade mal zwanzig Minuten. Nichts darf eilig und hektisch wirken, vor der Trauerhalle haben sich schon Angehörige und Freunde des nächsten Toten versammelt. Tod und Hast, das passt nicht zusammen.

Bei aller Sorgfalt und Routine, auch die hinter den Kulissen können Krach nicht immer vermeiden.

Bei den Umbauarbeiten von einer Beerdigung zur nächsten braucht man einen Hammer, der wird versehentlich auf dem Sarg abgelegt, keiner bemerkt es, schon gar nicht, wenn ein Blumengebinde über den Sargdeckel kommt. Fällt erst so richtig auf, wenn die Bestattungsgehilfen den Sarg hochheben und der Hammer mit Karacho zu Boden geht.

Wenn ausreichend Zeit ist, gibt es hinten in der Leichenhalle einen Kaffee. Der Mann von der Friedhofsverwaltung, der den Sarg reingeschoben hat, ist vor zwei Wochen Vater geworden. Nachts kommt er nicht zur Ruhe, das Baby schreit. Wenn er morgens zur Arbeit kommt, ist er todmüde.

Meine leicht gerührte Anmerkung an dieser Stelle, wie nah Tod und Leben doch beieinanderliegen, hätte ich mir mal besser gespart. Die beiden gucken mich verständnislos an, ich bin mir selbst peinlich.

Der Tod gehört für Bestatter und Friedhofsarbeiter wie selbstverständlich zum Leben.

Großes Gewese darum zu machen, etwas vom ewigen Kreislauf zu murmeln, dem Ganzen einen tieferen, womöglich gar philosophischen Sinn abzuringen, nicht mit ihnen.

Wenn man einen Bestatter bittet, einem in der nächsten Woche ein paar große Kerzen aus dem Pietätsgroßhandel mitzubringen, weil sie da billiger sind, macht er das gern. »Ja klar, kann dir aber jetzt noch nicht sagen, wann es zeitlich klappt, meine Kundschaft läuft ja noch rum.«

Sarg und Leiche sind immer als Erste da.

Damit es keine Verwechslungen gibt, nicht der falsche Tote betrauert wird, liegt auf dem Sarg ein Zettel mit Namen und Zeit der Beisetzung.

Kann schon mal passieren, dass einer von der Friedhofsverwaltung den Namenszettel direkt an den Sarg tackert. Wer kommt denn auf so eine Idee, wie soll man das wieder wegkriegen, Kratzer im Mahagoni, wenn das mal bloß keiner der

Angehörigen sieht. Kopfschütteln bei den Bestattern.

Normal ist Breitseite. Damit man Form, Farbe, Verzierungen besser sehen kann, wird der Sarg bei der Trauerfeier quer gestellt. Ungewöhnlich ist schon, wenn er auf Wunsch der Angehörigen längs stehen soll. Man sich während der Trauerfeier sicher sein kann, man guckt jetzt direkt auf die Füße des Verstorbenen. Ob er noch Schuhe trägt, entscheiden die Angehörigen.

Es gibt solche und solche. Schwadronierende Pfarrer und die, die beschlossen haben, es ganz anders zu machen. Die den täglichen Kleinkram, die Flut an Papier- und Verwaltungskram in ihrer Gemeinde leid sind, die es anders wollen.

Die aufhören, Pfarrer zu sein und Trauerredner werden.

Der Trauerredner greift nicht zum Zettelkasten der Beliebigkeiten, verzichtet auf den Trauersprech, nur wenn ausdrücklich gewünscht baut er ein Zitat der Pietäts-Poeten Rilke oder Hesse ein. Tage vor der Beisetzung nimmt sich der Trauerredner Zeit für ein langes Gespräch mit Verwandten, Freunden. Sie erzählen ihm von den guten und schlechten Zeiten, er findet später in der Trauerhalle die richtigen Worte, um ein Leben noch mal leuchten zu lassen.

Er betet nicht einfach nur einen Lebenslauf herunter, es sind die Details, die aufhorchen lassen.

Nicht das Geburtsjahr nennt er, sondern spricht zunächst nur davon, wie viele Tage die Verstorbene gelebt habe. 28 217.

Und augenblicklich hat der Zuhörer verstanden, dass ein Leben nicht nur aus Jahrzehnten oder Jahren besteht, sondern am Ende in der Summe jeder einzelne Tag zählt.

Meine bislang gelebten Tage: 25 185.

Wie viele davon habe ich glücklich verbracht, beseelt, verliebt? Wie viele einfach nur zufrieden?

Wie viele Tage waren getrübt von Sorgen, Traurigkeit, Wehmut?

Wie viele habe ich mit Nichtigkeiten achtlos verstreichen lassen?

Haben sich gute und schlechte Tage die Waage gehalten?

»Bedenket, dass Ihr sterben müsst, auf dass Ihr klug werdet.« Hätte ich diesen Satz schon verstehen können, hätte ich mich für ihn überhaupt interessiert, als ich fünfundzwanzig Jahre alt, gerade mal 9125 Tage auf der Welt war?

Um jenes Gedankenspiel zu beginnen, über das unzählige Bücher geschrieben wurden: Was wäre, wenn ich um meinen Sterbetag, mein Sterbejahr wüsste?

Würde ich mein Leben anders einrichten? Sofort damit beginnen?

Glaube ich mir selbst, wenn ich behauptete, ich würde nicht so viel ändern wollen?

Ist das geprahlt oder überrasche ich mich selbst mit einer unerwarteten Zufriedenheit?

Na gut, ein paar Dinge würde ich schon ändern. Das, was unter das Stichwort Erbe fällt, würde ich zu Lebzeiten unter die Leute bringen. Wenn noch was übrig bleibt, ein Haus mit Blick aufs Meer kaufen. Ach was, mieten geht auch. Und mutiger würde ich sein. Mir selbst mehr vertrauen.

Während ich das formuliere, frage ich mich, worauf warte ich noch?

Ich habe doch nur noch ein paar Tausend Tage.

Erreiche ich das rein statistische Durchschnittsalter für Frauen, sind es von jetzt an gerechnet noch dreizehn Jahre, 4745 Tage.

Der Trauerredner macht seine Sache gut.

Schlägt den großen Bogen, von einer Geburt in den Kriegsjahren, vom ersten Kennenlernen, dem Verliebtsein in jenen Mann, der jetzt weißhaarig in der ersten Reihe sitzt und die Hand seines zwölfjährigen Enkels hält. Erzählt, wie Opa und Oma heiraten wollten und der Pfarrer damals den Brautunterricht abgekürzt hat, weil er unbedingt das WM-Spiel Deutschland gegen Chile mitbekommen wollte. 2:0, das hat der Trauerredner noch mal nachgeschaut, haben die Deutschen damals gewonnen.

Die ganze Verwandtschaft hat die Rouladen der Oma geliebt, auch der Enkel, schon eher ungewöhnlich für einen Jungen, wenn man an die Füllung denkt und ahnt, dass die Kombination von Zwiebeln, Senf und Speck nicht unbedingt jedermanns Sache ist, sagt der Trauerredner.

Als er seine Rede beendet hat, beginnt eine kleine Diashow mit Musik. Die meisten in den Reihen vor mir weinen leise, ich auch.

Was löst die Tränen aus?

Dieses emotionale Überdosis, die Bildfolge, von der Wiege bis zur Bahre sozusagen? In Kombination mit der Musik?

Ich musste bei Peter Maffay noch nie weinen, seine Stimme, seine Texte waren noch nie meins.

»Und wenn ich geh', geht nur ein Teil von mir und gehst du, bleibt deine Wärme hier.

Und wenn ich wein, dann weint nur ein Teil von mir und der andere lacht mit dir.«

Für mich hat jede Zeile einen nur schwer zu ertragender Kitschanteil, selbst wenn ich es Wochen später hier nur aufschreibe.

Aber damals, bei einer Trauerfeier für eine mir völlig unbekannte Tote, als ihr Leben in Bildern an mir vorbeizieht, habe ich verstanden, welcher Trost in Musik und Worten liegen kann.

Für die einen ist es süßliche Rührseligkeit, für andere liegt in diesem Liebeslied ein ganzes Leben. Ankommen, bleiben, gehen müssen, gehen lassen. Was einem Menschen im Abschied hilft, entscheidet er.

Trost ist nicht verhandelbar.

Musik bei einer Trauerfeier ist für einen Bestatter eine echte Herausforderung. Die Angehörigen kommen mit irgendeinem Stick an, in der Erwartung: klappt.

Klappt aber nicht, wenn Musikanlage und Stick aus welchen Gründen auch immer nicht zusammenpassen. Oder die CD einen irreparablen Kratzer hat und der Song über das »Time to say« x-mal nicht hinwegkommt, der Abschied auf der Stelle tritt.

Dem Bestatter bricht der Schweiß aus, wenn wegen des Zeitdrucks keine Zeit für genaue Absprachen bleibt.

Von Stick oder CD soll er drei Stücke spielen, so gut wie nie stimmt die Reihenfolge.

»Das Zweite ist nachher das Erste und das Erste das Dritte, das hört sich aber fast wie das Zweite an.«

Wenn bei der Trauerfeier statt »Ein Freund, ein guter Freund« dann »Veronika, der Lenz ist da« durch die Trauerhalle schallt, wundern sich alle.

Nur der Bestatter nicht.

Der Enkel mit dem schwarzen T-Shirt will seiner Oma etwas mitgeben. Will ihr seine Fußballschuhe in den Sarg legen. In den Sarg, nicht obendrauf.

Der Sarg muss noch mal geöffnet werden, das geht leicht, ein paar Schräubchen lockern, der obere Teil des Sargdeckels lässt sich mühelos entfernen.

Dennoch wird es schwierig. Die Oma des Jungen ist schon fast zehn Tage tot. Sie wird nicht mehr so aussehen, wie er sie in Erinnerung hat, selbst wenn er sie auf dem Totenbett noch einmal sehen durfte.

Bestatter und Mutter sprechen mit dem Jungen, es ändert nichts an seiner Entscheidung. Die Schuhe sollen in den Sarg, die Oma soll sie mit ins Grab nehmen.

Wie wird der Junge seine Oma in Erinnerung behalten?

Als tote Frau, die nichts mehr mit seinen lebendigen Erinnerungen zu tun hat?

Was wird er in dreißig Jahren von dieser Beerdigung erzählen, welche Bilder werden bleiben?

Wenn ich an die Beerdigung meines Vaters denke, sehe ich den Sarg, blumengeschmückt, ich sitze in der ersten Reihe, ich bin nah dran. Predigt, Musik, Vaterunser, es öffnet sich eine schmale Tür, gerade groß genug, dass ein Sarg hindurchpasst. Gut sichtbar lodern dahinter helle Flammen. Der Sarg fährt direkt in dieses Feuer hinein.

Andere Bilder habe ich nicht. Danach Heimfahrt, Kaffee, Streuselkuchen, Schnittchen, Erinnerungen, Lachen, Weinen.

In meiner Erinnerung hat mich das Flammenszenario nicht wirklich erschreckt, ich habe mich nicht gefürchtet, auch nicht für meinen Vater im Sarg. Er wollte eine Urnenbestattung, das hatte ich verstanden und gewusst, also musste sein Sarg verbrannt werden. Auf dem Friedhof, bei der Beerdigung, wo sonst.

Wie ungemein stark meine Vorstellungskraft war, habe ich erst viele Jahre später verstanden. Als mir ein Bestatter klarmachte, dass es ein offenes Feuer in der Trauerhalle nicht gibt. Nie gegeben hat. Ich habe mit ihm diskutiert, auf früher verwiesen, wo doch ohnehin alles anders war. Wahrscheinlich doch auch auf den Friedhöfen.

Aber es war noch nie anders.

Ich konnte das gar nicht gesehen haben.

Warum mich die im Grunde doch verstörenden Flammenbilder nie verfolgt haben, warum ich viele Jahre eher beiläufig davon erzählt habe, in der festen Überzeugung, bei einer Einäscherung ginge es genau so zu, dafür habe ich keine Erklärung.

Der große Abschied vom Leben wird umgehend verbunden mit der Frage: Und später?

Urne, Sarg, See?

»Viele«, sagt der Bestatter »wollen jetzt an den Baum, in den Friedwald.«

Man kann in Zukunft vielleicht auch als Tomatenstaude, als Lavendelstrauch, als Zitronenbäumchen wieder auf die Erde zurückkommen.

Eine amerikanische Architektin hat einen Kompostturm entworfen. Die Leiche, fest in Leinen gewickelt, wird oben an der Turmspitze auf Holzspäne gebettet.

Nach sechs Wochen hat sich der tote Mensch auf eine sehr sanfte Art verändert, kommt am Fuße des Stahlgebäudes als Kompost wieder an.

Der Dünger hilft einer Pflanze beim Wachsen, der ehemalige Mensch kehrt zurück in den Kreislauf der Natur. In ein paar Jahren soll in Seattle das erste Beerdigungsinstitut für Recomposting eröffnet werden.

Ich möchte lieber noch näher dran am Leben, an den Lebendigen bleiben. In einer Urne auf dem Schreibtisch meines Mannes stehen, zum Beispiel. Oder, falls ihm das doch zu nah ist, gerne auch im Bücherregal neben seinen Lieblingsgedichten.

Wenn ich sterbe, sagt der Bestatter, müssen die anderen damit klarkommen. Meine Familie und Freunde müssen damit weiterleben, ich will ihnen nicht noch über meinen Tod hinaus Schwierigkeiten machen. Schwierigkeiten?

Ja, schwierig wäre es für ihn, ihnen seine Wünsche für die eigene Beerdigung vorzuschreiben, die Musik, die letzten Worte, die Schnittchen.

Die mich geliebt und gemocht haben, sollen es genauso machen, wie es ihnen guttut. Sie sind noch am Leben, ich nicht mehr.

Und ich, denke ich, will auf meiner eigenen Beerdigung eine Rede vom Band halten, sie sollen Clapton und Verdi spielen und wer weiß, welcher Schnickschnack mir sonst noch einfällt. Mein aktuelles Beerdigungskonzept gerät gehörig ins Wanken.

Der Bestatter war mal Milchbauer. Das war sein Leben, darin ging er auf, nichts anderes konnte und wollte er sich vorstellen. Schon der Großvater war auf dem Hof mit Leidenschaft dabei, danach sein Vater und jetzt er. Und dann war es vorbei. Nicht auf einen Schlag, der Abschied zog sich quälend lange hin. Die kleineren Milchwirtschaften, wie ihre eine war, sollten in einer großen Genossenschaft aufgehen, das wollten sie nicht, sie haben versucht, sich anders zu organisieren, am Ende haben die Kleinen gegen die Großen verloren. Sie haben den Hof verkaufen müssen, der Milchbauer aus Leidenschaft suchte nach einem neuen Anfang. Ein großes Beerdigungsinstitut brauchte einen Hausmeister. Er arbeitete sich ein, ließ sich zum Bestatter ausbilden,

Jahre später wird er Chef des Hauses. Chef sein ist ihm nicht wichtig, die Liebe zu dem, was er macht, das zählt. Das war als Milchbauer so und ist heute als Bestatter nicht anders. Bei jedem anderen würde man einen solchen Vergleich zwischen Milchkühen und toten Menschen für mehr als gewagt halten. Nicht bei ihm. Wenn er übers Sterben spricht, sind das keine Stanzen, keine Worthülsen, nichts ist gestelzt oder bemüht. Ich frage ihn, ob er glaubte, es komme etwas nach dem Tod? »Ja, ganz sicher.« Was?

Da hat er seine eigene Theorie, aber es ist auch nicht wichtig. Es hört nicht auf nach dem großen Ende, das zu wissen reicht doch für den Anfang, meint er.

Sein Bestattungshaus liegt mitten in einem großen Wald, unten im Keller des weitläufigen Gebäudes gibt es einen sogenannten »Pfad der Sehnsucht«, der den Menschen helfen soll zu verstehen, welche Phasen man in der Trauer durchläuft. In einem der drei Räume, dem »Erinnerungsraum«, sind an der linken Längsseite in verblasstem Gelb die Namen der Menschen auf die Wand gemalt, die hier in diesem Haus schon beerdigt wurden.

An der gegenüberliegenden Wand zieht sich über die ganze Seite ein großes, durchsichtiges Regal. In seinen Fächern Erinnerungsstücke, mitgebracht von Familienmitgliedern, von Freunden der Verstorbenen. Es dauert nur ein paar Sekunden, bis man auch als Fremder eintaucht in das Leben der anderen. Warum war eine alte Wäscheklammer wichtig, eine rostige Dose Olivenöl aus Portugal? Ein einsames grünes Gummibärchen oder eine Tube Zahnpasta, das rote, verschlissene Haarband, das neben dem Super-Kreuzworträtsel-Lexikon und dem Schild mit der Hausnummer 41 liegt?

—

Man hat eine Verabredung mit dem Tod, vom ersten Tag des Lebens an. Kann es einen Punkt im Leben geben, an dem man diese Verabredung herbeisehnt?

Helga kenne ich seit vielen Jahren. Einmal im Winter Gänsebraten, hinterher Birnenschnaps und Doppelkopf. So unsere Tradition. Als sie älter wurde, sah es stets so aus, als könne sie die Karten nur noch mit Mühe halten, dabei hat sie als geübte Bridgespielerin geblufft wie ein Weltmeister.

Helga war eine Dame, mit herrlichen Seidenblusen, Einstecktüchlein im eleganten Kostüm und der permanenten Selbstverpflichtung, innerlich wie äußerlich auf sich zu achten. Bevor sie zum Schwimmen ging, wurde der Bademantel vorgewärmt, sie machte Nordic Walking und Gymnastik. Als in ihrem Haus der Gefrierschrank aus Platzgründen von der Küche ins obere Stockwerk verfrachtet werden sollte, hat sie protestiert. Sie hatte Angst, sie könne eines Tages doch noch das Treppensteigen verlernen.

Sie hatte ein irres Allgemeinwissen, war für alle Altersklassen offen, hat, je älter sie wurde, jedem das Du angeboten mit dem unschlagbaren Argument: Ich bin die Ältere, ich darf das.

Ein paar Wochen vor ihrem 93. Geburtstag hat sie dann den Tod ein bisschen gedrängelt, er solle nun endlich zu der versprochenen Verabredung kommen.

»Ich habe keine Lust mehr«, hat sie zu ihrer Tochter gesagt. Kein bisschen weinerlich oder leidend vorgetragen, dieser Satz, wie immer, wenn Helga etwas wollte, spürte man ihre Entschlossenheit und auch ihre Ungeduld, wenn es nicht voranging.

Ein edler Gehstock mit einem Sektglashalter und einer Klingel würde in diesem Jahr das Geschenk zu ihrem 93. Geburtstag sein.

Wenige Wochen vor diesem Tag ist sie gestorben.

Egal, wo sie jetzt hingehen würde, entschied die Tochter, der Stock muss noch mit auf diesen Weg.

Er lag ganz oben auf dem Sarg.

Wann ist ein Aufhören wirklich gelungen? Wenn man es sich herbeiwünscht? Wenn man spürt, dass man leichten Herzens loslassen kann? Das Leben loslassen, sich befreien und mal gucken, was kommt?

»Muss ja noch was kommen«, sagt der Milchbauer-Bestatter, als ich nachhake.

Seine Theorie von Leben und Tod ist ungewöhnlich.

Er trägt sie ohne jeden missionarischen Eifer vor, ist sich der Verwegenheit seiner Gedanken durchaus bewusst. Für ihn passt es, andere will er nicht überzeugen.

Er vergleicht den Anfang des Lebens mit dem Ende.

Als Embryo im Bauch der Mutter, was hat man gespürt, vielleicht sogar gedacht? Würde es schwer sein, den Mutterleib zu verlassen, die Wärme und Geborgenheit?

Wie viel Angst vor dem Ungewissen hat man vielleicht auch da schon empfunden? Wäre man lieber geblieben und musste doch gehen?

Vor der Geburt, für den Bestatter ist das wie vor dem Sterben.

Man wird erst wissen, wie es ist, wenn man es erlebt hat.

Mir fällt die Fotoserie ein, die Babys und Greise nebeneinander zeigt.

Die einen stehen am Anfang des Lebens, die anderen an seinem Ende. Was sie eint, ist ihr Blick.

Nach innen gerichtet und doch auch in eine unbestimmte Ferne.

Als könnten die ganz Jungen noch wahrnehmen, wo sie herkamen. Die ganz Alten sich wieder erinnern, wo sie am Ende ankommen würden.

Die einen sind noch nicht ganz auf dieser Welt, die anderen schon nicht mehr.

»Ich habe heute eine Seligkeit erlebt, ich war in etwas Großem. Ich bin hier gesessen und habe mich so treiben lassen, und dann hat sich der Raum plötzlich mit Gutem gefüllt. Ich hab sehr lachen müssen, Schleier sind verschwunden und Unsicherheiten, Klarheit ist gekommen. Wenn es in einer anderen Welt so ist, bin ich sofort bereit zu gehen«, erzählt Elisabeth Heller ihrem Sohn André.

Elisabeth Heller ist in ihrem 102. Lebensjahr, als ihr berühmter Sohn die Gespräche aufschreibt, die er über Monate mit seiner Mutter führt. Worauf es ankommt im Leben, was man hätte anders, vielleicht sogar besser machen können, und warum sich die Mutter wünscht, »dass das Körperwerkl in Gottes Namen auslaufen soll«.

Was Elisabeth Heller erzählt, hat mich an die Fotos von den Alten und den Neugeborenen erinnert. Sie steht beim Gespräch mit ihrem Sohn in jenem Zwischenraum, hat die Welt noch nicht verlassen, aber was danach kommt, ist zum Greifen nah.

Es ist das zwölfte Gespräch in diesem Buch, das mich umgehauen hat. Wie sich Elisabeth Heller den Abschied vom Leben nach mehr als hundert Jahren vorstellt, für mich kann es schöner nicht beschrieben werden.

Elisabeth: Es gibt einen Durchschlupf.

André: Wo?

In mir. Man zieht sich ganz in sich zurück und sammelt sich vor dem Durchschlupf.

Du meinst einen Ausgang für die Seele. Man verschwindet auf diese Weise aus dem Körper?

Wahrscheinlich. Man kann ihn benützen oder nicht. Aber es gibt ihn, und ich weiß es.

Wie hast du ihn gefunden?

Durch Nichtsuchen. Er war plötzlich da. Glaub mir.

Ich glaub dir hundertprozentig.

Das ist wichtig. Ich rede nur darüber, wenn du mir glaubst.

Großes Indianerehrenwort!

Wenn man den Durchschlupf nicht benützt, muss man anderswo durchbrechen. Das ist nicht so sanft und sehr unangenehm.

Du meinst, man bestimmt selbst, ob das Übersiedeln schwer oder leicht ist.

Ich hab den Verdacht.

Ist dein Leben derzeit nicht interessant wie noch nie?

Es war oft interessant, aber jetzt ist es ganz anders, alles ist innerlich.

Wann wirst du den Durchschlupf benützen?

Wann immer es stimmt. Es gibt keine Eile mehr. Ich weiß, es gibt ihn, und ich weiß, wo er ist, ich bin ganz ruhig.

Überhaupt keine Ängste?

Nein, den Tod gibt es so nicht. Er war ein falsches Bild. Er ist nur das Wort für den Durchschlupf benützen.

Das ist dann der gute Tod. Das erstaunt mich jetzt doch.

Hast du schon versucht, ihn zu benützen?

Da muss man aufpassen: Wenn man durch ist, ist man draußen. Da kann man nicht reversieren. Ich streife um ihn herum.

Wie eine Katze?

Ja.

Was vermutest du hinter dem Durchschlupf?

Eine Erwartung – etwas wartet auf mich.

Etwas Gutes?

Ja, sicher. Mit dem Schlechten hat es dann endlich ein Ende. Das wäre auch fad, das kennt man ja schon zur Genüge, wenn man über hundert ist. Beim Guten hat man Nachholbedarf.

[Pause]

Es ist seltsam. Ich bin sehr schwach und müde. So kann ich nicht durch den Durchschlupf. Etwas an Kraft braucht man dafür schon.

Es bedarf für das Aus-dem-Körper-Gehen einer letzten Anstrengung?

Es scheint mir so.

[Pause]

Es wird ja schon absurd.

Was?

Das Hierbleiben.

Wenn du überzeugt bist, deine Möglichkeiten ausgeschöpft zu haben, und es nichts mehr zu lernen gibt, dann heiße den Seitenwechsel willkommen.

Ich weiß nicht, was mich zögern lässt, das muss ich noch erforschen.

Ich wünsche dir Klarheit und die Fähigkeit, zum richtigen Zeitpunkt die richtige Entscheidung zu treffen.

Das ist lieb von dir. Komm her, ich mach dir ein Kreuzerl auf die Stirn.

9

Ein Buch über Abschiede, kleine und große, und nicht eine Zeile aus Hermann Hesses berühmtem Gedicht »Stufen«.

Wie konnte das passieren?

Mit Absicht, ich habe es bewusst vermieden.

Um ehrlich zu sein, das ist nur die halbe Wahrheit. Ich hatte es eingebunden in das Kapitel über den großen, den letzten Abschied, den vom Leben. Aber es kam mir irgendwie verrutscht vor, als wäre genau das nicht die richtige Stelle, eine Spur zu dick aufgetragen. Zweiter Versuch beim Schreiben über den Abschied von *Zimmer frei*. Es lag so nahe wegen des Zaubers, der etwas Neuem stets innewohnt.

Selbst da wollte das Gefühl einer bedenklichen Schieflage nicht weichen: Passt nicht, ist gewollt. Gut gemeint, aber schlecht gemacht.

Liegt es daran, dass dieses Gedicht am besten für sich allein steht?

Dass jeder Versuch, es zu sezieren, einzelne Zeilen herauszufiltern, für sich zu reklamieren und mit etwas Persönlichem zu mischen, unweigerlich ein sehr unlauterer Versuch ist, sich klammheimlich mit fremden Federn zu schmücken?

Als es in einem Streiflicht der *Süddeutschen Zeitung* vor geraumer Zeit um das Ende von Beziehungen ging, schrieb der Autor, die perfekte Schlussmachlyrik sei genau jenes Hesse-Gedicht. Sein unauffälliger, zarter Hinweis auf andere, neue Bindungen ideal. Muss man selbst nicht mehr viel Worte machen.

Vermeidet aber gleichzeitig den Griff ins Grobe wie bei Wilhelm Busch: »Meistens hat, wenn zwei sich scheiden, einer etwas mehr zu leiden.«

Platt kann Hesse nicht, aber populär schon.

Udo Lindenberg, großer Hesse-Fan nicht erst seit dem Stufengedicht: »Wie kann der über mein Leben schreiben, das ist ja genau meine Story.«

Irgendwer kann immer irgendwas, einen Vers, zwei Zeilen daraus zitieren. Es ist, wie der Streiflichtautor damals schrieb »der Helene-Fischer-Song unter den jambischen Fünfhebern«. Die Zeile mit dem Zauber, der jedem Anfang innewohnt, ist längst zu einem geflügelten Wort geworden.

Als ich begonnen habe, dieses Buch zu schreiben, war es auch mein persönlicher Versuch, mich mit diesem so belasteten Thema Abschied zu versöhnen. Mich dem Abschied langsam anzunähern und dabei zu merken, dass ich mich nicht ernsthaft vor ihm fürchten muss. Eine Veränderung zu akzeptieren, ohne die Panik, dass nichts Gutes folgen kann. Nicht klammern, sondern loslassen, sich einlassen auf eine neue Lebensstufe.

Viel zu lange habe ich geglaubt, dass Abschied gleichbedeutend mit Katastrophe ist. Genau das habe ich sehr früh in meinem Leben erlebt. Mit dem Tod meines Vaters war es von einem Tag auf den anderen vorbei mit jenem Übermaß an Zuwendung, Vertrauen, Sicherheit, Geborgenheit, das ich von ihm sehr selbstverständlich bekommen habe.

Die Erinnerungen an seinen unerwarteten Tod sind so schwarz, so düster, dass sie lange Jahre alle anderen Abschiede überschattet haben. Ging eine Beziehung zu Ende, ein Job, ein Urlaub, manchmal konnte es auch nur ein besonders schöner Abend sein, stets hatte ich die heimliche Sorge, beinahe schon die Gewissheit, das war's, so schön wird es nie wieder sein.

Dass es noch schöner ging, dass meine Befürchtungen unbegründet waren, habe ich nicht wahrhaben wollen. Ein Abschied, befreiend und fröhlich, lag außerhalb meiner Vorstellungskraft.

Bis ich mich entschlossen habe, dieses Buch zu schreiben. Mir, mehr oder weniger mutig, die großen und kleinen Abschiede in meinem Leben genauer anzusehen.

Andere heben das Abiturzeugnis auf, den ersten Liebesbrief, die Glückwünsche zur Hochzeit.

Ich habe bis heute, in einer Kiste sorgsam verstaut, all die Kondolenzbriefe aufgehoben, die nach dem Tod meines Vaters eintrafen. Die große Trauerkarte meiner Klassenkameraden im Gymnasium, die Beileidskarten von Verwandten und Paten, von Freunden und Bekannten meines Vaters. Darunter viele, die mich nicht einmal persönlich kannten, denen er in seinen Briefen und mit Fotos belegt immer wieder vom späten, großen Glück erzählt hatte, mit sechzig Jahren noch einmal ein Kind, eine Tochter zu bekommen.

Unter den Briefen ist auch der meiner Latein-Nachhilfelehrerin. Frau Caroly war damals achtzig Jahre alt, eine ungemein sanfte Frau. Mit großer Ehrfurcht saß ich in ihrem Arbeitszimmer, habe sie bewundert und hätte damals sicher nicht zu sagen gewusst, wofür.

Vielleicht spürt man aber auch schon als Kind, wenn ein Leben groß war. Reich an Erfahrung. Sie wusste um die Lebensstufen, war sich ihrer bewusst und dankbar.

Sie hatte einen Brief ohne schwarzen Trauerrand geschickt. Was sie schrieb, war einfach und klar.

Du hast Deinen lieben Vater verloren. Es ist ein großer Schmerz, den Du spürst. Er wird Dich viele Jahre begleiten.
Aber eines Tages wird etwas anderes da sein, neben der Trauer und dem Verlust. Du wirst merken, wie wichtig und wertvoll das ist.

Das Gedicht von Hermann Hesse hatte sie in beeindruckender Handschrift ans Ende ihres Briefes gesetzt.

Sie hatte recht.

Auch mit der Vermutung, dass es lange dauern würde, mich mit dem ersten großen Abschied meines Lebens, dem von meinem Vater, versöhnen zu können.

Fast ein ganzes Leben später habe ich die Sache mit dem Abschied etwas besser verstanden. Und auch jenes Gedicht von den Stufen.

Wenn am Ende dieses Buches tatsächlich noch ein paar Abschiedsworte stehen sollen, können es nur die von Hermann Hesse sein:

Stufen

Wie jede Blüte welkt und jede Jugend
Dem Alter weicht, blüht jede Lebensstufe,
Blüht jede Weisheit auch und jede Tugend
Zu ihrer Zeit und darf nicht ewig dauern.
Es muss das Herz bei jedem Lebensrufe

Bereit zum Abschied sein und Neubeginne,
um sich in Tapferkeit und ohne Trauern
In andere, neue Bindungen zu geben.
Und jedem Anfang wohnt ein Zauber inne,
der uns beschützt und der uns hilft, zu leben.

Wir sollen heiter Raum um Raum
durchschreiten,
An keinem wie an einer Heimat hängen,
Der Weltgeist will nicht fesseln uns und engen,
Er will uns Stuf' um Stufe heben, weiten.
Kaum sind wir heimisch einem Lebenskreise
Und traulich eingewohnt, so droht Erschlaffen,
Nur wer bereit zu Aufbruch ist und Reise,
mag lähmender Gewöhnung sich entraffen.

Es wird vielleicht auch noch die Todesstunde
Uns neuen Räumen jung entgegensenden,
Des Lebens Ruf an uns wird niemals enden …
Wohl an denn, Herz, nimm Abschied und
gesunde!

DANKSAGUNG

Danke, liebe Kerstin,
für Deine professionelle Begleitung bei diesem Buch. Für Deine Fähigkeit, gleichermaßen zu motivieren und sachte anzutreiben. Für Dein feines Gespür, Deine Geduld, Deine Genauigkeit, Dein Nicht-locker-Lassen. Und für Deine fabelhaften Frühstücke natürlich. Dich als Lektorin an meiner Seite zu haben, ist ein Geschenk.

Danke, liebe Frau Wielpütz,
für das unermüdliche Bohren dicker Bretter. Für das Mutmachen, für Ihre wunderbaren SMS-Nachrichten, für Ihr Da-Sein, selbst dann, wenn alles wirklich mal federleicht ist.

Danke, lieber Georg,
dass Du mich gelehrt hast, dem Mann auf dem Flur anders zu begegnen. Dass Du mich beim Schreiben über Achtsamkeit aus der Ferne liebevoll begleitet hast. Und dass ich allmählich begreife, dass Glocken tatsächlich nicht fliegen können.

Danke, lieber Jochen,
für Deinen Rat, Dein sehr persönliches Coaching.
Für die Tage, an denen Du allein ins Kino, zum FC oder zum schnellen Kölsch ins Eckstein gegangen bist, weil dem Buch noch so viele Seiten fehlten. Du warst auch diesmal mein treuester Fan und fairster Kritiker. Es gibt Abschiede, an die ich nicht zu denken wage. Der von Dir gehört dazu.

QUELLENNACHWEIS

Zwei Bestseller in einem Band: Mit ihren beiden Büchern »Baby, wann heiratest du mich? – Ein Roman aus dem Beziehungsdschungel« und »Ich glaube, er hat Schluss gemacht – Geschichten aus dem richtigen Leben« schrieb sich die bekannte Fernseh- und Radiojournalistin Christine Westermann in die Herzen unzähliger Leserinnen und Leser. Mit großem Sprachwitz, einem genauen Gespür für Situationskomik und einer gehörigen Portion Raffinesse erzählt sie von einer Frau auf der Suche nach einem beglückenden oder zumindest begehbaren Weg durchs Leben, von der Liebe und der Sehnsucht, von großen Gefühlen und kleinen Katastrophen.

Es kommt ja nicht wirklich überraschend aber doch gibt es den Moment, in dem man erschrocken feststellt: Mensch, ich bin alt. Und jetzt? Geht noch was? Das kann nicht mehr viel sein, dachte Christine Westermann. Und war dann überrascht, welche Wendungen sich unverhofft auftaten. Die Reise ins Alter lässt sich nicht aufhalten, aber nun ist die Vorfreude auf das, was kommen kann, größer als die Angst vor dem, was passieren könnte.

»Sehr selbstironisch und witzig« *Brigitte*

Leseproben und mehr unter www.kiwi-verlag.de

KiWi
PAPERBACK
Christine Westermann
Jörg Thadeusz
Aufforderung zum Tanz
Eine Zweiergeschichte

KiWi